EXPUESTO

PÉRTIGA

EXPUESTO

REPORTES Y RUMORES
EN TORNO AL ARTE
Y EL ARTE DE

BRIAN NISSEN

UNIVERSIDAD NACIONAL AUTÓNOMA DE MÉXICO
CONSEJO NACIONAL PARA LA CULTURA Y LAS ARTES
DGE | EQUILIBRISTA

MÉXICO, MMVIII

Primera edición, 2008

DR © DGE Equilibrista S.A. de C.V.
Yucatán 190, Col. Tizapán San Ángel,
01090, México, D.F.
www.dgeequilibrista.com

DR © 2008 Universidad Nacional Autónoma de México
Ciudad Universitaria, Delegación, Coyoacán,
C.P. 04510 México, Distrito Federal.
Dirección General de Publicaciones
y Fomento Editorial

DR © Consejo Nacional para la Cultura y las Artes
Dirección General de Publicaciones
Av. Paseo de la Reforma 175, Colonia Cuauhtémoc,
06500, México, D. F.
www.conaculta.gob.mx

© Por los textos: Brian Nissen, Carlos Fuentes, Laura Esquivel,
Arthur C. Danto, Dore Asthon, Guillermo Sheridan,
Alberto Ruy Sánchez y Eliot Weinberger
© Por el prólogo: Rubén Gallo
© Por la imagen de portada: Rogelio Cuéllar

Coordinación: Yaiza Santos
Correción: Mauricio Montiel Figueiras
Diseño: Juan Carlos Burgoa

Diseño original de la colección: Daniela Rocha
Edición: DGE | Equilibrista

ISBN: 978-968-9416-10-4 (DGE Equilibrista S.A. de C.V.)
ISBN: 978-607-2-00213-5 (UNAM)
ISBN: 970-35-1485-5/978-970-35-1485-4 (Conaculta)

Impreso y hecho en México/*Printed and made in Mexico*

CONTENIDO

PRÓLOGO

ECOS

Brian Nissen

EVIDENCIA

Brian Nissen

ESBOZOS

ENCUENTROS

Paella de Montse en el estudio de Saint Mark's Place, Nueva York. De espaldas, Marie-Jo Paz; hacia su derecha, Brian Nissen, Arthur C. Danto, Madeline Gins, James Rossant, Nina Subin, Arakawa, Colette Rossant, Octavio Paz y Eliot Weinberger. Octubre de 1990

EL QUINTO PISO DE BRIAN

Conocí a Brian en 1993, en el Edificio de las Brujas, frente a la Plaza Río de Janeiro en la ciudad de México. Nuestro encuentro no tuvo lugar en un museo ni en una galería, sino en el departamento de un editor. Hablamos brevemente de libros y de literatura, y recuerdo muy bien la impresión que me causó la erudición de aquel escultor que parecía haberlo leído todo: de Charles Dickens a Octavio Paz.

Al poco tiempo me mudé a Nueva York para cursar el doctorado en la Universidad de Columbia. En uno de los eventos organizados por el Instituto Cultural Mexicano, entonces dirigido por Mirella Terán, volví a ver a Brian, el artista erudito. Me enteré de que hacía muchos años que vivía a caballo entre las dos ciudades, entre la colonia Condesa y el East Village. A partir de entonces comenzamos a vernos con bastante frecuencia: en las exposiciones del Instituto (recuerdo una magnífica sobre fotografía mexicana con obras de Héctor García y Nacho López), en casas de amigos mexicanos, y por supuesto en el piso que Brian y Montse compartían en la legendaria calle de Saint Mark's Place, atiborrada de restaurantes y abarrotes japoneses, de tiendas de chácharas y bares estudiantiles. Brian vivía en un quinto piso sin elevador y para llegar hasta la puerta de su casa había que subir una interminable escalera de madera: en casi cada piso había una escultura —de madera, de bronce o de otros metales: obras de Brian que parecían decirle al visitante "¡ánimo!, ¡ya casi llegas!, ¡sólo te faltan cincuenta escalones más!" Luego supe que Octavio Paz, cuando pasaba por Nueva York, le gustaba visitar a Brian, y lo imaginé emprendiendo el maratónico ascenso hasta el último piso, haciendo una pausa en cada rellano para recobrar el aliento, para por fin llegar, extenuado pero sonriente, hasta ese mítico quinto piso.

Si algún día se escribiera la historia de ese quinto piso en Saint Mark's Place, el resultado sería una crónica de la vida cultural mexicana en Nueva York durante más de tres décadas: en ese *loft* —recuerdo los pisos de madera, techos altos y espacios abiertos, llenos de piezas de Brian y de los *teatrini* de Montse— se festejó el premio Nobel de Octavio Paz, el matrimonio de Juan García de Oteyza, las visitas de Carlos Fuentes y de Alberto Ruy Sánchez, y por supuesto, las exposiciones de esculturas de Brian en las galerías y museos de Nueva York.

Pero no sólo los mexicanos hacían la peregrinación hasta ese quinto piso. Brian también se había hecho amigo de muchos intelectuales neoyorquinos: Dore Ashton, profesora y crítica de arte, que escribió elegantísimas páginas sobre las esculturas de Brian y era una colaboradora incansable de *Vuelta*, la revista de Octavio Paz; Arthur Danto, un respetadísimo filósofo que al jubilarse de la Universidad de Columbia decidió dedicarse a escribir libros sobre arte contemporáneo (¿cuál es la diferencia, pregunta en uno de ellos, entre las costosísimas *Brillo Bo-*

xes de Andy Warhol y las verdaderas cajas de *Brillo* que cuestan unos cuantos dólares en un supermercado?); Eliot Weinberger, poeta, crítico literario, autor de eruditos ensayos sobre temas que van desde la caligrafía china hasta la poética de Ezra Pound; y Michael Wood, profesor en Princeton y especialista —entre tantos otros temas— en el cine de Luis Buñuel.

No es ninguna coincidencia que el quinto piso de Brian haya sido el punto de reunión de tantos escritores, poetas, filósofos y críticos. Brian es el más literario —y el más literato— de todos los artistas que conozco. Es un lector voraz, un gran conocedor de autores que van de Dickens a John Ruskin, de Baudelaire a T. S. Eliot, de Carlos Fuentes a Susan Stewart. Estas lecturas han dejado su huella en el arte de Brian: una de sus exposiciones se llamó *Cuatro cuartetos*, el título de uno de los poemas más bellos de Eliot, que comienza con los versos "Time present and time past / Are both perhaps present in time future" (y que inspiraron "Chard Whitlow", la genial parodia de Henry Reed: "As we get older we do not get any younger / Seasons return, and today I am fifty-five, / And this time last year I was fifty-four, / And this time next year I shall be sixty-two"); otra muestra, *Mariposa de Obsidiana*, estuvo inspirada en un poema de Octavio Paz, y la serie de dibujos eróticos recogidos en *Voluptuario* nacieron de una conversación —y de una conspiración— con el novelista Carlos Fuentes.

Brian no solamente lee: también escribe. Los textos recogidos en este libro son un testimonio elocuente de su ingenio y de su manera de pensar. En ellos vemos una inquietud intelectual y una pasión por comprender los misterios de la creación artística —que, por su frescura, su entusiasmo y su sencillez bien podría ser la de un joven de veinte años. Estos ensayos demuestran un gran sentido del humor —un humor más mexicano que inglés, que disfruta intensamente de los juegos de palabras, de los famosísimos y temidísimos "albures" mexicanos y de las anécdotas jugosas, como aquella del anfitrión voyerista que parece una versión posmoderna y peruana de un cuento de Poe.

Es cierto que hay una gran tradición de artistas que escriben: escribieron Leonardo y Miguel Ángel, Durero y Van Gogh; escribieron Klee, Kandinsky y Motherwell. Los muralistas mexicanos escribieron, también los artistas conceptuales de los años sesenta y setenta, compañeros de generación de Brian. Pero la escritura de Brian poco o nada tiene en común con estos antecedentes: a diferencia de los textos de Leonardo o Van Gogh, los de Brian no son diarios ni tratados de estética; a diferencia de los muralistas, él no ha creado una gran mitología en torno a su obra, y a diferencia de los artistas conceptuales, autores de secos textos programáticos, a Brian no le interesa la desmaterialización del objeto artístico (todo lo contario: sus piezas, monumentales, celebran el material del que están hechas: cerámica, bronce o acero). No: su escritura no propone manifiestos ni señala pautas a seguir.

Los textos de Brian son pequeñas obras de arte: miniaturas que sirven de acompañamiento, en el sentido musical de la palabra, a las chinampas, mariposas, cangrejos y otras esculturas que ha elaborado en su taller. Más que una descripción de la pieza, estos textos plasman las reflexiones que llevaron a la creación de una escultura. Hay, por ejemplo, un texto sobre los materiales del artista en el que Brian describe la tienda en donde compra sus pinceles y pigmentos: un changarro atenido por un neoyorquino que puede dar discursos elaboradísimos sobre el origen, los usos y las ventajas de todos sus papeles (y que también suele espantar a sus clientela con su vozarrón y su mal humor). Al leer este texto, el lector puede imaginarse la evolución de la obra de Brian: de los pigmentos adquiridos en esa tienda a las mariposas y chinampas pintadas en Nueva York o México. ¡Toda una odisea de materiales llevados de un país a otro y —como en la alquimia— de una forma a otra!

Otro texto, también recogido en este libro, relata la historia del pintor inglés Daniel Thomas Egerton, que llegó a México en 1831 y murió asesinado pocos años después, al parecer por espías tejanos. El primero en hablarle de Egerton fue un amigo mexicano que estaba escribiendo una novela sobre ese raro y olvidado personaje: entre charla y charla, fueron descubriendo las coincidencias que unían las vidas de Brian y del pintor decimonónico: ambos habían nacido en el barrio londinense de Hampstead, ambos habían llegado a México por casualidad, ambos habían descubierto las maravillas del arte mexicano precolombino, ambos se habían enamorado de la gente y la cultura de su país de adopción. Brian, ese artista amante de la literatura y amigo de escritores, fue transformado en el protagonista de la novela sobre Egerton que escribió Mario Moya Palencia.

Los textos de Brian se leen ya como cuentos, ya como crónicas de la vida de un artista que transita por Nueva York y México, Barcelona y Perú. A través de sus páginas el lector aprende a ver el mundo a través de los ojos de Brian y a maravillarse con los pequeños detalles que lo sorprenden.

Los textos de Brian son, también, la mejor manera de aproximarse a su obra: siempre me ha intrigado la dificultad de escribir sobre el arte abstracto. Resulta relativamente fácil escribir sobre pintura figurativa o sobre obras de arte conceptual: se puede comenzar por describir la figura o la idea que dio lugar a la obra y después compararla con otras piezas semejantes. Pero, ¿qué decir sobre una composición abstracta? ¿Cómo escribir un texto sobre el mural *El Mar Rojo* que Brian realizó en Santa Fe, en la ciudad de México? Las mejores pinturas y esculturas abstractas, como la música, generan emoción pero no representan nada: son un mundo cerrado que no intenta copiar las apariencias del mundo en que vivimos y dicen lo que tienen que decir con su propio vocabulario. Para los críticos de arte, escribir sobre arte abstracto es uno de los mayores retos: ¿cómo comunicar el sentimiento que nos invade al contemplar la instalación monumental de una obra como *El Mar Rojo*, con sus danza rítmica de formas, de luces y de sombras? Siempre he admirado el talento de Clement Greenberg, uno de los pocos críticos que han logrado reproducir la experiencia del arte abstracto en sus escritos: una verdadera traducción del lenguaje pictórico al lenguaje textual.

Quizá la mejor manera de aproximarse a *El Mar Rojo* sea a través de los textos de Brian: crónicas que nos permiten atisbar en la mente del artista y comprender el juego de ideas, de reflexiones, de experiencias y de conversaciones que acompañaron la creación de la obra. No elucidan el misterio de su gestación pero, como las mejores novelas de detectives, nos dan una serie de pistas para su interpretación. Pistas que el lector sagaz sabrá armar para completar, poco a poco, el rompecabezas de la experiencia artística.

Rubén Gallo

ECOS

DESFILE DE IDENTIDAD:
VERDADERO, FALSO O AMBOS

La policía tiene un método para verificar la identidad del presunto autor de un crimen, llamado "desfile de identificación" o "fila de reconocimiento". El sospechoso se para en hilera junto a otros ciudadanos frente a un espejo de un solo sentido, detrás del cual testigos o víctimas del crimen intentan distinguirlo entre los demás e identificarlo como el culpable. Aunque los ciudadanos no son necesariamente parecidos al sospechoso, muchas veces se equivocan al identificarlo. (A menos que, como en la película *Casablanca*, la famosa orden de Claude Rains "Arresta a los sospechosos habituales" sea el criterio). ¿Cómo pueden distinguir al verdadero sospechoso entre los demás? La memoria suele ser muy subjetiva y, al tratar de identificar al culpable verdadero del resto, puede ser susceptible a las artimañas a las que son propensas la mente y memoria.

Aquí tenemos un ejemplo sencillo de un caso que tiene que ser verdadero o falso. O uno u otro. Sin embargo, hay un área fascinante entre ambos, donde las puertas de la percepción se abren hacia ambos lados, donde las cosas pueden ser verdaderas y falsas al mismo tiempo.

El dilema de en qué punto algo se vuelve falso es un tema que me ha intrigado y provocado cierta fascinación por la cuestión de las falsificaciones, y a la vez, cierta admiración por los métodos empleados por los falsificadores de obras de arte. Si nadie sabe, si aun expertos y especialistas no pueden saber si una obra es falsa, y es vista y apreciada como auténtica, ¿cuán falsa es? Si artefactos hechos por los pueblos mayas actuales con sus propias técnicas tradicionales son tan parecidos a los de sus antepasados que los expertos son incapaces de distinguir la diferencia entre uno y otro, ¿se consideran originales, copias o réplicas? La autoridad con que la obra de arte se adjudica la idea de ser original y auténtica llega a ser sospechosa, y estimada siempre y cuando la diferencia pase inadvertida. Tenemos el ejemplo de la historia, que se presenta como una serie de hechos como si fueran un recuento verdadero de acontecimientos pasados. Sabemos, por supuesto, que la historia siempre ha sido una interpretación selectiva, versiones de sucesos generalmente propagados por los poderosos para vender sus propios proyectos, aunque éstos no estén relacionados con aquéllos. Sólo las fechas de cualquier acontecimiento pueden ser verdaderas. Lo demás suele ser interpretación o especulación.

Como un acontecimiento extrañamente retorcido, una exposición —posiblemente de las mejores del arte del siglo XX— tuvo lugar en Múnich en 1937. Era la escandalosa exposición de "arte degenerado" patrocinada por el régimen nazi con el propósito de demostrar la perversión e inmoralidad del arte moderno. Las obras habían sido confiscadas a varios museos, y despreciadas en calidad de "arte depravado de judíos y bolcheviques". La exhibición viajó a varios estados, a museos provinciales y municipales, y fue visitada por alrededor de tres millones de personas. Finalmente, unas cinco mil obras, muchas de ellas consideradas ahora como obras maestras, fueron quemadas en la Central de Bomberos de Berlín en un ensayo de entretenimiento. Unas cuantas de las más cotizadas fueron botadas al mercado internacional. A la vez, una muestra paralela celebraba el arte alemán ideológicamente "puro" y "sano": las obras expuestas consignadas ahora al olvido y la irrisión. Anteriormente, el arte revolucionario de los constructivistas rusos, que proclamaba una liberación del espíritu humano, fue aplastado y deliberadamente estrangulado por la mismísima revolución que antes lo había aplaudido y apoyado. En cuanto el régimen se institucionalizó, empezó a ser intolerante con el arte revolucionario y, viéndolo como una amenaza a su poder, sólo permitía obras que celebraran la ideología política soviética. Y veamos cómo nuestros héroes nacionales son inmortalizados: no precisamente por sus verdaderas hazañas, sino por recreaciones de éstas, diseñadas al servicio de los poderosos. Sus proezas son manipuladas y sometidas a propósitos ajenos.

La pregunta *en qué momento una obra de arte deviene falsa* nos obliga a especular en torno a qué *es* una obra de arte. Marcel Duchamp, el astuto pícaro del arte moderno, pronuncia como obras de arte objetos manufacturados, cotidianos, escogidos por su banalidad, simplemente por el hecho de ser firmados por él y expuestos en museos y galerías, revertiendo así el concepto convencional de arte. Su idea era mostrar de qué manera el contexto opera como catalizador. El desplazamiento de los marcos de referencia muestra cómo el significado de un objeto depende del contexto en que existe: según cambia su contexto, cambia su significado. Un martillo que se utiliza como un tope de puerta ya no es más un martillo, sólo en potencia.

El efecto de todo esto repercutió profundamente en la manera en que vemos el arte contemporáneo. La definición actual de arte, según los expertos, ha llegado a ser tan indeterminada que queda reducida a: *cualquier cosa que llamamos arte es, por ende, arte*. Sí, lo anterior es tan ambiguo que recuerda la admonición de Humpty Dumpty a Alicia: "Cuando empleo una palabra, significa lo que yo quiero que signifique". El arte contemporáneo es tan variable que desafía la categorización precisa, y su ambigüedad naturalmente se presta a la mistificación y la ofuscación.

Como en todo, tenemos que aprender a distinguir lo bueno de lo malo, lo que vale de lo que no vale. Tengo una pequeña y modesta colección de figuras y artefactos prehispánicos. Sé que algunos son genuinos y otros no. En realidad no tiene nada que ver con mi apreciación o mis preferencias. Pero los únicos de cuya autenticidad me puedo fiar son los que yo mismo he hallado —como los que encontré en una isla pequeña y desconocida en los cayos de Belice, que había sido un cementerio maya— o los que compré por unos centavos a los niños que los vendían en sitios arqueológicos mexicanos, a sabiendas de que ellos habían encontrado estos artefactos de cerámica en terrenos adyacentes. Hay quienes ofrecen imitaciones recién hechas, asegurando su autenticidad, pero a precios entre cinco y diez dólares. He aquí la economía del asunto: los niños que encontraban las piezas tenían el cien por ciento de las ganancias a cualquier precio de venta, mientras los otros habían tenido que fabricar sus copias, hornearlas, darles su pátina para que parecieran antiguas, romperlas ligeramente, enterrarlas por un tiempo, antes de venderlas a los turistas. Esto implica bastante trabajo y gasto. Así pues, sabía a ciencia cierta que las adquiridas por unos centavos eran las verdaderas.

Recuerdo con qué interés y expectativa quería ver las obras originales hechas por Elmer de Hory, el falsificador de arte mundialmente famoso. Un museo en la isla de Ibiza, donde él vivió durante varios años, había organizado una gran exposición póstuma de sus obras: se me presentaba, entonces, la oportunidad de ver cómo había engañado tanto al público del arte como a sus curadores durante tantos años. Sin embargo, cuando al fin pude ver sus obras, me quedé desilusionado. Por cierto, no se trataba de copias de obras existentes, sino de recreaciones, simulacros hechos a la manera de tal o cual artista. Tal vez las que vi no eran sus falsificaciones más notables, pero se notaba a leguas que eran imitaciones pobres. Un dibujo *à la Matisse* de ninguna manera podía ser un Matisse verdadero. No había tensión ni urgencia en las líneas. Era como escuchar un aria desafinada y de registro equivocado. Todo desentonaba. Matisse nunca habría dibujado líneas así. Y pasó lo mismo con las imitaciones de Picasso, Chagall, Monet, Dufy, Toulouse-Lautrec, Modigliani, Van Dongen, etcétera. La pregunta interesante es cómo demonios estas obras adquirieron la más mínima credibilidad. Verificar la autenticidad de una obra de arte no puede ser una ciencia exacta, puesto que depende del conocimiento, criterio e intuición de los peritos; con todo, inevitablemente nos dice mucho acerca del comportamiento del mercado de arte y el mundo de los museos, donde obras como éstas obtienen su legitimidad y, como consecuencia, una mayor clientela y el paso abierto a muchas travesuras.

La capacidad atrofiada del público para mantener su concentración, junto con su adicción a la cultura de la celebridad, implica que sólo vea lo que le dicen que debe ver, o lo que quiere ver. Entre las multitudes que esperan tenazmente en largas colas para poder arrojar una mirada fugaz a *La Gioconda*, la mayoría no acude a ver el cuadro de Leonardo (que no es considerada su mejor obra) sino la "Superestrella Mona Lisa" y su sonrisa enigmática, para bañarse en el aura del "cuadro más famoso y el mejor del mundo". *Aristóteles contemplando el busto de Homero*, de Rembrandt, fue adquirido por el Museo Metropolitano de Nueva York en 1961 por el precio más alto jamás pagado por una pintura en aquel entonces y exhibido ostentosamente con singular honor en su sala principal. La publicidad que acompañó la venta del cuadro generó multitudes inmensas, no ansiosas de ver una gran obra de arte, sino de rendir homenaje al "cuadro más caro del mundo". Las exposiciones, exitazos de taquilla actuales, tienden a tener un efecto equivalente al de antologías como "Los diez mejores éxitos de Beethoven". Ya podemos esperar el estreno de *La historia del arte: la película*.

En 1937, la Compañía de Rembrandt adquirió un Vermeer espléndido titulado *Los peregrinos de Emaús*, donado por la Fundación Boymans de Rotterdam. Después de la segunda guerra mundial, se descubrió la inmensa colección de arte saqueada por Hermann Goering. Entre las obras más apreciadas se hallaba esta pintura de Vermeer, que él había canjeado por otras doscientas a través de una cadena de marchantes de arte de la cual Hans Van Meegeren había sido el primer eslabón. Acusado de ser colaborador nazi, aguantó dos semanas de encarcelamiento y confesó que había falsificado el Vermeer para salvarse de ser condenado por un delito más grave. Fue sometido a juicio en 1947, y los expertos del caso, no creyéndolo, mantuvieron que la pintura era un Vermeer genuino. Para defenderse, convenció a la policía de que le permitiera pintar otro Vermeer, encerrado en un cuarto con seis testigos. Finalmente convencidos de que decía la verdad, los expertos fueron acusados, sometidos a juicio y severamente reprendidos. Este proceso sensacional resultaba una demostración del virtuosismo de los falsificadores y la habilidad asombrosa de Van Meegeren. Si no hubiese confesado, muy probablemente la falsificación nunca se habría descubierto.

Esto nos dice que los expertos no pueden ser tan expertos, y que lo que hay realmente detrás de ello es el culto a la *originalidad* como una medida del valor. De nuevo, aquí vemos en juego la fuerza del mercado y una sociedad que venera la celebridad y la fama por encima del talento y el contenido. Los especuladores compran y venden las obras de arte como fetiches de la fama del artista y de la misma manera, subastan la bragas de Jackie Onassis por un precio descomunal.

Las pruebas de autenticidad y origen son imprescindibles para la venta de obras de arte, y aunque las nuevas técnicas para revelar falsificaciones han mejorado notablemente, el elemento humano sigue siendo el eslabón más débil de la cadena. Los falsificadores siempre encontrarán nuevas respuestas a nuevos métodos de detección.

¡Ahora lo ve, ahora no lo ve! El prestidigitador anuncia su nuevo truco. La gran lección de Houdini: la ilusión está en la mente, no en el ojo. La artimaña más importante está en hacer lo visible invisible. El arte del ilustre ilusionista consiste en hacer que lo que uno ve es lo que él quiere que vea. Desviando la atención, hace que lo más evidente pase inadvertido. En el *efecto* está el todo.

Mi mayor admiración queda reservada para una estafa perpetrada en Londres no hace mucho tiempo. Era una idea sumamente original, un concepto mucho más evasivo y genialmente desarrollado. Una muestra notable del ingenio y la imaginación, sin olvidar la fineza con que se ejecutó. Un hombre llamado John Drewe se congració con algunas instituciones de arte en Londres presentándose como un historiador *amateur* y patrocinador de arte. Empezó por donar pinturas (falsas) de su colección a las subastas de recaudación de fondos para apoyar sus siguientes exposiciones; además, contribuyó con dinero para patrocinar sus eventos. En gratitud a su ayuda e interés, consiguió que estas instituciones le otorgaran acceso a sus archivos privados celosamente guardados, para que llevara a cabo supuestas investigaciones. Se infiltró en el Instituto del Arte Contemporáneo, en el Museo Victoria y Albert y en la Tate Gallery, entre otros.

Mientras tanto, había localizado a un hábil pintor llamado John Myatt, a quien puso a trabajar en copias e imitaciones de artistas famosos. Gracias al acceso a los archivos de los museos, los correspondientes al Museo Victoria y Albert por poner un ejemplo, encontró el catálogo de una exposición de Braque y de pintores franceses celebrada en 1912, y se lo robó. Entonces, buscó un espacio en blanco en el catálogo, desató las páginas y con la ayuda de una computadora, imprimió en él la reproducción de un Braque falso que había encargado, copiando cuidadosamente la calidad de impresión del catálogo original. Después de coser las páginas de nuevo, restituyó secretamente el catálogo al archivo del museo donde lo había encontrado, y falsificó la información sobre él en sus archivos para dar credibilidad a su engaño. El paso siguiente fue llevar el cuadro a Sotheby's y Christie's o a alguna otra casa de subastas o galería acreditada para su evaluación, junto con sus falsos certificados de autenticidad y viejos recibos de venta. Contaba que le parecía que la pintura había sido exhibida en Londres, posiblemente en el Museo de Victoria y Albert, en alguna fecha entre 1910 y 1912. En caso de que los valuadores dijeran que el cuadro era de mala calidad y no se parecía en nada a un Braque auténtico, él concordaría, diciendo que todos los pintores tenían días malos y ocasionalmente hacían obras mediocres; pero aunque no se trataba de una pintura tan buena, quizás fuera genuina y valiera la pena investigarla. Se enviaron peritos de las casas de subastas a averiguar la pista ofrecida. Merced a un catálogo de la época en los archivos de museo, hallaron la confirmación que buscaban. ¡Bingo! ¡Lotería! Allí estaba la mismísima pintura reproducida en el catálogo de una exhibición de 1912! La procedencia era indisputable, su autenticidad innegable y la pintura convalidada debidamente y vendida en subasta como una auténtica pintura de Braque.

El prodigio de sus fraudes consistió en la falsificación experta de la procedencia de las pinturas, no tanto en la pintura misma. Tan convincente eran las pruebas de autenticidad que ninguna otra fue requerida. Esta estafa se perpetró exitosamente durante unos diez años, y sólo terminó cuando la esposa desilusionada del falsificador lo denunció a la policía. El pintor John Myatt fue sentenciado a un año de prisión y John Drewe, a diez. Todavía no se sabe hasta qué punto los archivos de estas instituciones de arte fueron corrompidas ni localizadas todas las falsificaciones vendidas.

El conocimiento y la familiaridad de la gente con el arte viene ahora principalmente a través de reproducciones.

A pesar de ser un instrumento valioso para la referencia y la educación, se abusa de él y se le malentiende. Una reproducción puede sólo dar una imagen o una referencia de la obra. Carece de todo: escala, superficie, sentido del espacio, calidades táctiles, etcétera. Como el sexo por teléfono, de ninguna manera será como la cosa verdadera. Tan fuerte ha sido el efecto de las reproducciones que, para muchos, sin darse cuenta, ha empañado la experiencia real, porque ven la obra en relación a su imagen en una reproducción. De la misma manera, la gente toma cantidades de fotografías de sus vacaciones, de lugares que han visitado y acontecimientos especiales, pero su memoria de estos eventos se convierte en lo mostrado por las imágenes fotográficas por encima del acontecimiento mismo, y en vez de utilizar la fotografía como un especie de *aide-memoire*, viene a sustituir el recuerdo natural, borrando y congelando los sentimientos de la experiencia verdadera.

Al fin, ¿qué tiene todo esto que ver con el arte mismo? No tanto como puede parecer, aunque a corto plazo las exigencias del mercado del arte tengan una desmesurada influencia en la producción de las obras contemporáneas, estableciendo manías y modas fugaces. Y por aquí el público es fácilmente engañado. Un cliché escuchado a menudo es "No sé nada acerca del arte, pero sí sé lo que me gusta". No es así. Para realmente apreciar y acercarse al arte, y no de manera superficial, uno tiene que saber no sólo mirar, sino ver una obra. Se requiere la receptividad no sólo del ojo mismo, sino también del ojo de la mente. A fin de cuentas, la gente no va a decir "No me gusta la poesía china, no significa nada", si no pueden entender el idioma chino. El arte requiere grados de comprensión y sensibilidad para que el espectador pueda interactuar con él y penetrar en su significado y estética. He aquí la diferencia entre *mirar* y *ver*. Y cuando más lo conoce, más le toca. La obra de arte verdadera tiene una carga poética que les habla a nuestras emociones e intelecto, mientras que las obras falsas carecen de ella: son estériles e impotentes.

Nuestra capacidad para la experiencia sensorial que brinda el arte ha sido tan bombardeada por el exceso de información y nuestra manía por interpretar, analizar y clasificar todo, que ha mermado. Es como estar viendo una película con todas las luces de la sala prendidas, lo cual hace difícil discernir lo que sucede en la pantalla. Debemos enfocar más lo que es la obra, liberada de su bagaje analítico. Atender a la obra misma más que a lo que el artista pueda decir acerca de ella, sus afirmaciones o intenciones. Y eso va también para los críticos, lumbreras e intérpretes profesionales, que no deben estar en el negocio de definir obras de arte ni de imponer o atribuir significados, sino en el de ayudar a la gente acercarse, a conectarse con el arte, para que pueda gozar experiencias propias y más intensas. Deberían actuar como si fueran embajadores del arte, abogando su causa ante el público.

La omnipresencia del arte fraudulento, entre artefactos antiguos, obras maestras clásicas y arte contemporáneo en museos y colecciones privadas, tiene todo que ver con los mecanismos, naturaleza y presiones del mercado de arte, que antepone sus propias necesidades creando manías y modas para empujar la compra. Esto se ve agravado por una obvia desgana a hacer públicas falsificaciones que les son conocidas o sospechosas: algo que podría ser embarazoso y causarles perjuicios financieros.

Así que volvamos a la pregunta. ¿Puede una obra de arte estimada por expertos y gozada por el público como auténtica dejar de ser arte como resultado de ser expuesta como un fraude? ¿Era arte antes y ahora no? ¿Dónde está la frontera? Si un artista hace una copia de una de sus propias obras, ¿es una falsificación u otro original: una recreación, una replica o qué?

¿Importa al arte todo eso? Se me hace que no. Cada sociedad cosecha el arte que se merece. Su propio espejo. Al fin y al cabo, todo esto tiene poco que ver con el arte mismo, sus cualidades intrínsecas y su capacidad de brindarnos una experiencia enrarecida. Sí, es arti-ficio. *Arti-ficial.* Según Platón, el arte es una falsedad. Pero es una ficción que revela una verdad. El arte verdadero es la realidad interpretada por nuestra imaginación, descifrando nuestros sentimientos y comunicando su propia realidad. Es el diario íntimo del hombre. La expresión palpable de nuestra humanidad. Como una canción de la sirena que nos llama a través de los tiempos, es la manifestación y encarnación más preciada de nuestro espíritu creador.

De lo único que podemos estar seguros es que el tiempo es el gran destilador del arte verdadero, el árbitro de su valor intrínseco, su poder perdurable de emocionarnos y enriquecernos.

Mientras tanto, disfrutemos.

Contrabando: dibujos ilegales, de Brian Nissen

PINTORES EN PANTALLA

Desde luego que debe haber sutilezas al hacer películas.
Solamente asegúrate de que sean obvias.

BILLY WILDER

En 1935 el Limited Editions Club tuvo la idea de publicar una edición del *Ulises* de James Joyce con ilustraciones de Henri Matisse. Aunque satisfecho por contar con un artista de esa talla, Joyce se mostró dudoso: ¿podría captar Matisse el sentido de la novela y su ambiente irlandés? Enviaron un ejemplar del libro al pintor, preguntándole si estaría interesado; respondió que le encantaba la historia del Ulises homérico y que le complacería ilustrarla, aunque pensaba que la novela de Joyce era malísima y además absurda. "Je ne l'ai pas lu", dijo después para explicar por qué sus dibujos tenían tan poca relación con el libro. No obstante, se imprimió una bella edición limitada con las ilustraciones. La reacción de Joyce fue similar a la de Matisse: declaró que los dibujos parecían de aficionado y que su hija Lucia podía haberlos hecho mucho mejor.

Las grietas que dividen el canon establecido de las estéticas innovadoras son provocadas por cambios sísmicos en la sensibilidad y las ideas, que se van deslizando como placas tectónicas. La perplejidad y el antagonismo quedan suspendidos en el aire como polvo telúrico, nublando la vista ante los estilos emergentes. El gusto, la comprensión o la incomprensión, las afinidades temperamentales, la intuición personal y la sensibilidad son determinantes en la forma como reaccionamos ante las obras de arte y en el grado en que nos pueden afectar y conmover. Pienso que el mejor arte funciona en diversos planos al mismo tiempo. La jerarquía o el prestigio de tal o cual género artístico sube y baja según la sociedad o la cultura que lo produce. En el Renacimiento, la poesía fue más estimada que la pintura y la escultura. Las novelas de los siglos XIX y XX llegaron a públicos enormes, y hoy el cine continúa esta tendencia y se ha convertido sin duda en el arte más influyente.

En 1987 el Museo Metropolitano de Arte de Nueva York organizó una gran exposición de las obras de Vincent van Gogh, una retrospectiva casi completa del trabajo que realizó en el último periodo de su vida en Saint-Rémy y en Auvers. Montada en orden cronológico, la muestra hacía un recuento de las actividades del artista como en una especie de diario pictórico, lo que permitía seguir el progreso cotidiano de su pintura. Durante una de mis visitas a la exposición me encontraba en la última sala, donde se exponía una docena de los últimos cuadros del pintor, cuando vi un grupo de personas delante de *Campo de trigo con cuervos*. Gesticulaban y se quejaban en voz alta de que el museo se hubiera equivocado en el montaje al no colocar ese cuadro hasta el final de la muestra, dado que era la última obra creada por Van Gogh justo antes de darse un balazo. Descubrí entonces que esta idea sobre su muerte, que parece haberse convertido en la versión verdadera, viene de *Lust for Life*, la cinta hollywoodense de Vincente Minelli en la que Kirk Douglas sobreactúa el papel de Van Gogh. Aunque de hecho *Campo de trigo con cuervos* no fue la última obra del pintor, la película necesitaba un final conmovedor y por eso nos presenta la escena del artista que trabaja en su caballete en un trigal cuando de golpe lo ataca una parvada de cuervos que él debe quitarse de encima en una lucha desesperada. Sumamente alterado, escribe una nota típica: "No aguanto más, no puedo seguir", etcétera, y se suicida pegándose un tiro. Entendemos, por supuesto, que este manejo fue una decisión calculada del director, pese a que el último cuadro de Van Gogh fue seguramente *El jardín de Daubigny*. Tampoco estaba pintando cuando se pegó el tiro, sino que el disparo le causó una herida de la que murió en cama dos días después. Pero la película precisaba una última escena en *crescendo*: el clímax debía ser dramático.

Sea como sea, este violento final se ha convertido en la versión más aceptada sobre las últimas horas de Van Gogh gracias a *Lust for Life*. Otro filme más reciente, *Vincent y Theo*, de Robert Altman, cuenta correctamente los días finales del pintor, pero no ha tenido la popularidad de la cinta de Minelli; es una representación más perspicaz, aunque Tim Roth, el actor que encarna al artista con suficiente verosimilitud, está tan untado de pintura que a veces parece recién salido de una mina de carbón. *Van Gogh*, de Maurice Pialat, es una excepción dentro del género de películas biográficas porque nunca pierde de vista su misión cinematográfica; su atmósfera e inventiva van más allá de las anécdotas que generalmente se usan para captar la vida del pintor holandés e iluminan su tiempo, su ambiente y sus relaciones hasta compenetrarse con su mundo. La cinta de Pialat se libera por completo de romanticismos y consigue una representación sumamente natural y creíble.

Sin embargo, las películas biográficas suelen ser retratos superficiales y banales de personajes famosos o históricos, extraídos de múltiples fuentes; no debemos exigirles veracidad, puesto que finalmente deben ser juzgadas como productos fílmicos buenos o malos. Pero aquí cabe formular una pregunta inquietante: ¿cuál es la percepción de veracidad con la que nacen dichas películas? En el filme de Peter Watkins sobre Edvard Munch, los personajes opinan unos sobre otros y sobre el efecto corrosivo de la sociedad cerrada en la que viven; las declaraciones se hacen directamente a la cámara, como si se tratara de entrevistas auténticas. Éste es un recurso tomado del cine documental, pero sabemos que los entrevistados son actores que representan un papel. Mezclar realidad y ficción con fines artísticos puede ser completamente legítimo. No obstante, la tendencia actual —cada vez más de moda— es hacer documentales dramatizados como *JFK*, de Oliver Stone, que borra a propósito la división entre lo verdadero y lo falso mediante la combinación y manipulación de imitaciones filmadas por el propio director a partir de clips reales, lo cual hace difícil distinguir entre realidad y ficción. Este tipo de reconstrucción histórica se acerca peligrosamente a propaganda como la que hemos visto en fechas recientes aunque a la inversa, ya que se presentan materiales ficticios como si fueran hechos verídicos; sobre este mecanismo se ha diseñado la campaña para vender la guerra contra Irak al crédulo público estadounidense.

Pero los filmes sobre artistas no tienen pretensiones

propagandísticas, y pese a que suelen estar llenos de clichés, al menos dan una idea de la imagen popular del creador como un ser extraño y atormentado. Siempre he sido aficionado a este género de películas y trato de verlas todas, buenas, malas y mediocres. Por lo general están basadas en una idea peculiar sobre la inspiración, el genio y las excentricidades que requiere el proceso creativo. Hay cierta fascinación por las manías de los artistas: se cree que viven en una atmósfera enrarecida, libre de las convenciones e imposiciones de la sociedad. Estas cintas tienden a celebrar la conducta extravagante y a exagerar los arrebatos de furia, que al final son perdonados ya que el genio se sacrifica en el altar del arte, proporcionando grandes posibilidades dramáticas.

Podemos ver cómo el arte interviene en nuestra interpretación de la historia. En *Ricardo III*, Laurence Olivier ofrece una magnífica representación del rey como un personaje diabólico y deforme que nada en sangre para alcanzar el trono de Inglaterra. Es tal el poder de las obras de Shakespeare que en este caso particular su versión es la que parece haber marcado la historia que conocemos. En *La hija del tiempo*, su fascinante novela, Josephine Tey trama el relato de un detective aburrido y postrado en un hospital para exponer las incongruencias en la versión histórica de la vida de Ricardo III. La hija del tiempo a la que alude el título es, por supuesto, la verdad. El detective de la novela encuentra un retrato del rey en un libro y, dada su habilidad para averiguar el carácter de la gente por su rostro, empieza a fijarse en las discrepancias y anomalías que presenta la evidencia histórica referente al asesinato de los dos pequeños príncipes encerrados en la Torre de Londres, un crimen ocurrido en 1492 y ordenado supuestamente por Ricardo de York, tío de los príncipes. El detective reconstruye los hechos en torno del homicidio para averiguar si Ricardo fue el culpable y determina que la evidencia es insuficiente. Su investigación revela inconsistencias en fechas y acontecimientos que acaban por absolver al rey. Pero la historia oficial inglesa aún atribuye los asesinatos a Ricardo, y refiere cómo éste eliminó a todos los que podían frustrar su obsesión por alcanzar la corona. La encarnación más famosa del supuesto autor de estos crímenes es la obra de teatro de Shakespeare, que lo presenta como el villano por antonomasia, la esencia de la maldad.

Sabemos que la versión de la historia que llega a nosotros es la de los vencedores, no la de los vencidos. En este caso particular el relato fue difundido por la casa de Lancaster, que derrotó a la casa de York, y la tendenciosa versión de Tomás Moro, que denigra al malogrado rey y su familia, fue en la que Shakespeare se basó para escribir su obra. No obstante, el poder artístico del relato shakespeareano se impuso sobre la historia y quedó grabado en la memoria colectiva.

La recepción del arte es en sí misma un acto de interpretación y recreación, y la idea predominante del arte y el artista está condicionada por la sociedad que lo rodea. Lo que unos consideran exquisito puede resultar ofensivo o repugnante para otros, como la leche y el queso para los chinos. El cine es el arte de nuestra época y quizá el que más ha influido en la formación de nuestro imaginario cultural; al contar con un abogado tan tendencioso no debe sorprender, por lo tanto, que la mentalidad colectiva considere al artista como un rebelde iconoclasta y el acto creativo como una especie de manifestación divina. De

36

algún modo el drama inherente a la creación es demasiado oblicuo y subjetivo como para que su representación en la pantalla —salvo contadas excepciones— evite caer en lo *kitsch* o, en el mejor de los casos, en el melodrama.

De las primeras películas exitosas sobre científicos locos a la angustia y las extravagancias de los artistas, se nos ha dado una visión épica de esta labor humana. Las cintas sobre el doctor Frankenstein son una metáfora clásica del artista incomprendido; su creación, la monstruosa criatura calumniada y considerada un peligro para la sociedad, debe ser destruida. El doctor ve cómo su obra es censurada y prohibida; la gente lo acusa de creerse Dios, pero los artistas —al menos eso espero— no son individuos que compartan esta creencia. Son, eso sí, las antenas y emisoras que captan, reflejan, revelan y en última instancia crean y dan forma a las ideas y sensibilidades de su tiempo.

Hay algunos intentos meritorios por llevar a la pantalla la vida y obra de pintores y escultores, pero la mayoría tiene inevitables momentos embarazosos. Casi siempre son escenas de estupor artístico que preludian la inspiración instantánea del genio: se podría llamar "el momento ¡Eureka!". Un ejemplo típico se presenta en *Pollock*, una película bienintencionada, donde el goteo accidental de la brocha del pintor sobre el lienzo es lo que provoca la revelación, la epifanía. Inspirado, Pollock chorrea gotas de pintura sobre la tela extendida en el piso. Su esposa, la pintora Lee Krasner, entra en el estudio y, pasmada por lo que ve, exclama: "¡Lo hiciste, Jackson! ¡Has cambiado la historia del arte!" (carcajadas del público). Este momento llega invariablemente en la mayoría de las películas sobre artistas. Dolientes coros celestiales acompañan al joven y petulante escultor Henri Gaudier-Brzeska en *El mesías salvaje*, de Ken Russell, mientras proclama su manifiesto estético personal a su amante y de paso al paisaje circundante. Otro rasgo común en estos filmes es la manera de machacar y exagerar la forma en que los artistas supuestamente irreverentes y apasionados, eternamente malentendidos, se mofan de las convenciones sociales.

Van Gogh ha merecido tres películas; Modigliani, Goya y Rembrandt, dos por cabeza; Frida Kahlo, tres. Entre los grandes maestros que han sido motivo de un solo filme están El Greco, Vermeer, Caravaggio y Miguel Ángel; a este último se le dedicó *La agonía y el éxtasis*, con todo y título heroico y un nefasto Charlton Heston que interpreta al pintor como un Hércules salpicado de pintura que pelea contra un techo. Goya es una penosa caricatura tanto en *La maja desnuda* como en *Goya en Burdeos*, el pastiche pseudopoético de Carlos Saura. Otros artistas posteriores cuentan también con su película: ahí está *Camille Claudel*, que trata también de Auguste Rodin, maestro, amante, obsesión y némesis de la escultora. *Moulin Rouge*, con un José Ferrer achaparrado en el papel de Toulouse-Lautrec, es una de las mejores recreaciones al igual que *Lobo salvaje*, que muestra a Paul Gauguin durante su fallida estancia en París antes de volver a Tahití; sin embargo, *El paraíso encontrado*, que retrata la vida tahitiana de Gauguin, es un popurrí de lugares comunes cruzado por intolerables punzadas de sinceridad. *Edvard Munch* sube el volumen de *El grito* para entregar un relato lúgubre y verborreico.

Curiosamente Picasso tiene un solo filme, *Sobreviviendo a Picasso*, donde Anthony Hopkins hace un gran esfuerzo por interpretar al prodigioso creador, aunque la trama se centra en sus aventuras amorosas. Mientras trabaja en el *Guernica*, dos de las amantes del maestro ruedan por el piso jalándose el cabello, luchando para ganar sus favores. Él apenas les presta atención: está ligeramente distraído, pintando el cuadro más importante del siglo XX. Incluso su célebre jovialidad es tan vergonzosa que uno se pregunta si Danny DeVito no habría hecho mejor el papel. Otros artistas contemporáneos han pasado también por la trituradora: Jean-Michel Basquiat, sujeto de una pretenciosa reconstrucción, y Francis Bacon en *El amor es el diablo*, donde Derek Jacobi entrega una notable actuación que hace que éste sea el mejor retrato fílmico de un creador.

Modigliani fue interpretado por primera vez por Gérard Philippe en *Montparnasse 19* (1958), uno de los primeros intentos por dramatizar las peripecias y dificultades de los artistas. Esta película se soporta bastante bien, pero la nueva versión, *Modigliani* —un desastre con Andy García en el papel estelar—, se basa en la ridícula premisa de un duelo artístico entre Modigliani y Picasso, que confrontan sus obras en el Salón de Pintura como si se tratara de un *western*. Picasso parece un boxeador hiperbólico que chupa su pipa, y Gertrude Stein, una clásica madre judía refunfuñona. Diego Rivera también aparece en esta película junto con otras caricaturas de Jean Cocteau, Utrillo, Kisling y Soutine. Aunque suponemos que aspira a la seriedad, el filme se hunde en una imagen bufonesca del mundo del arte de Montparnasse en 1919.

Basquiat debe compartir con *Modigliani* el premio a una de las cintas más tontas que se han hecho sobre artistas. Durante la secuencia de créditos, Basquiat aparece de pequeño acompañado por su madre, que mira fijamente el *Guernica* de Picasso con los ojos llenos de lágrimas;

una corona de oro resplandeciente se materializa de golpe sobre la cabeza del niño, augurando su estatus mítico. Como un plus tenemos a Andy Warhol interpretado por David Bowie, que lo hace aparecer como un muñeco Barbie anciano y marchito rematado por una peluca similar a un merengue. Ambas películas tienen escenas de entusiasmo frenético, con gente que brinca sobre mesas de restaurantes y canta arias de ópera. Abundan los diálogos obtusos y los intentos patéticos por lograr un tono irónico, como cuando en una entrevista preguntan a Basquiat por qué dibuja a sus personajes con un estilo tan tosco y él responde: "Bueno, la gente suele ser bastante tosca".

* * *

Se pueden extraer grandes dosis de drama de las vertiginosas vidas de algunos artistas, pero en realidad la gran mayoría lleva una existencia apacible, centrada en el trabajo y sin prestar mucha atención a otras cosas. Si hacemos caso a buena parte de las películas biográficas, nos queda la impresión de que los creadores piensan sólo en el sexo y el romance; de ser cierto, sin embargo, no tendrían tiempo para hacer sus obras. Según esta idea, artistas como Magritte o Mondrian no serían buenos candidatos para este tipo de filmes, mientras que Rubens o Renoir podrían producir escenas con gran cantidad de nalgas rosadas.

Frida Kahlo ha sido la baja más reciente: dos cintas sobre su vida hacen énfasis en su sufrimiento no tanto como artista sino como víctima de los hombres, del alcohol y sobre todo de sus afecciones físicas. Es interesante analizar la manera en que le llegó la fama póstuma, gracias no tanto a su obra sino a su transformación en icono exótico del movimiento feminista. Frida resultó ser el coctel perfecto: víctima de su marido Diego, con el cuerpo quebrado y sus ideas políticas radicales y su androginia, con amantes famosos como Noguchi y Trotski y amigos de la talla de André Breton. ¿Qué más se puede pedir? Frida es la pintora más pintoresca de todos los creadores que han merecido una película. Su dramática biografía y sus costumbres extravagantes la han vuelto objeto de culto mundial, sobre todo fuera de México, donde los aspectos folclóricos de su vida son venerados sin saber cuál es su origen. Sus cuadros son clasificados como surrealistas cuando en realidad provienen casi directamente de los exvotos, esas pinturas pequeñas y *naïve* que representan escenas de desdicha y súplicas de curación milagrosa. Fuera de México la imagen de Frida ha generado la impresión de que todas las mexicanas suelen vestirse como ella, lo que por supuesto es falso: de hecho, este tipo de atuendos es propio tan sólo de la región del Istmo de Tehuantepec. ¿Por qué Frida se vestía así? Uno de los frutos de la revolución mexicana fue la recuperación de un pasado indígena que había sido vilipendiado por la herencia española, que valoraba exclusivamente la cultura europea. Junto con sus amigos y colegas, Diego y Frida coleccionaban artesanía popular y artefactos precolombinos, les daban preeminencia en sus manifiestos culturales y pregonaban su nuevo estatus. El hecho de que Frida se vistiera de tehuana no era una expresión de moda o gusto sino una declaración política. Hoy día existe una boutique en Londres dedicada a la venta de ropa y accesorios de la línea *Frida*.

En la primera *Frida*, versión mexicana de Paul Leduc, Ofelia Medina interpreta a la pintora con sensibilidad y verosimilitud pese a los diálogos absurdos y a la pobreza de los papeles de reparto; la segunda *Frida*, dirigida por Julie Taymor, tiene diálogos igualmente ridículos y sólo se salva gracias a la riqueza de sus imágenes. Ambas películas tienen escenas clave que presentan a Diego Rivera encaramado en un andamio mientras trabaja en un mural. Me extraña que ambos cineastas hayan pasado por alto una anécdota real: un reportero de pie bajo el andamio entrevista a Diego y, mirando hacia arriba, pregunta: "¿Para qué lleva una pistola mientras pinta?" A lo que Diego contesta: "Para orientar a los críticos".

Nissen de visita en el rodaje de la película *Zapata* (Morelos, 1970)

MANUAL DEL MÉTODO

—Por lo general, he visto que su locura tiene método.
—Pues otros dirían que, en su método, hay locura.
Dr. Watson y el inspector Forrester discutiendo acerca de Holmes.
SIR ARTHUR CONAN DOYLE, *MEMORIAS DE SHERLOCK HOLMES*

El Método era el término dado por Lee Strasberg a un estilo de actuar basado en las enseñanzas de Stanislavski que él desarrolló y promovió por muchos años en el Actors Studio de Nueva York. Era el foco para una generación de actores jóvenes comprometidos con un nuevo estilo experimental de interpretar su arte, seguramente influenciado por la moda de Freud, que estaba en su apogeo en ese entonces, y sazonado con un poco de Zen para darle sabor. La idea era situar al actor en el papel guiado por su interpretación emocional en respuesta al carácter y a la situación, más que ser fiel al texto dado. Brando y sus compañeros salieron de esta escuela y hasta Marilyn Monroe se dio una vuelta.

Usted necesita un método.

Los artistas, poetas, actores y compositores de todas las escuelas y períodos tienen sus propios métodos personales de manejar su oficio, su *modus operandi* —algunos predecibles, otros idiosincrásicos. Un ejemplo curioso de esto fue propuesto en la novela *La solución del siete por ciento*, un libro basado en el encuentro ficticio entre Sigmund Freud y Sherlock Holmes. Holmes va a visitar a Freud en espera de que lo cure de su dependencia a la heroína. Surge una amistad inmediata, y Freud habla a Holmes del caso desconcertante de una paciente que él está tratando sin ningún éxito, pues no solamente es muda, sino que parece estar en una especie de coma despierta, haciendo imposible establecer cualquier clase de comunicación. Holmes pide ver a la paciente. Naturalmente, Holmes descubre la identidad de la paciente y lo que había causado su condición, indagando toda clase de detalles minuciosos, observando y guiándose por el comportamiento de la muchacha, el estado de su ropa y su aspecto físico. Freud queda pasmado por el método de deducción propio de Holmes y su asombroso poder de observación. Holmes entonces instruye a Freud en su método especial de indagar y deducir, el cual Freud adopta posteriormente como método de diagnosticar, dando a luz, así, al psicoanálisis moderno.

Un *método* es un camino hacia un fin, y hay caminos sin fin que conducen a él. Exhibicionistas como los *flashers, streakers* y *strippers* tienen muy distintos métodos de revelarse al mundo. Se puede decir lo mismo de los artistas, aunque su meta y su motivación sean muy distintas.

Es difícil hablar del método propio, sobre todo cuando uno no es consciente de él. Generalmente comienzo un trabajo sin idea alguna de lo que estoy a punto de hacer. Con la mente en blanco. Eso, para empezar, no es nada fácil. Confrontado con el aspecto temible de una tela o una página inmaculada, en el vacío, que hace su mejor esfuerzo para intimidarlo a uno, no hay más remedio que atacarla manchándola de alguna manera para poder conseguir trabajar en ella. Entonces comienzo poniendo quizá dos marcas o manchas en el papel o la tela, e intento ver qué pasa entre ellas. Agrego otra, y todos los enlaces cambian. Comienzan a suceder cosas. Una da pie a otra. Las ideas vienen a jugar y las cosas empiezan a comunicar y a relacionarse. Con la escultura pasa lo mismo. Empiezo jugando con formas y composiciones hasta que algo comienza a cuajar y la pieza me enseña el camino que quiere tomar. Esto es obviamente un método muy arriesgado, y resulta que muchas obras se pierden en el camino, algunas se abortan a medio hacer, unas llegan a ser realmente tercas y no quieren cooperar, mientras que otras sencillamente están confundidas. Algunas incluso se ponen en huelga y hay que negociar con ellas. A otras las dejo solas hasta que sienten ganas de encaminarse otra vez. Así lo hago, o por lo menos esto es lo que las obras hacen conmigo.

Usted tiene que tener un método.

Tengo colegas que utilizan métodos totalmente distintos al crear una obra de arte. Algunos tienen la obra concebida y totalmente resuelta antes de comenzar, y nada más queda plasmarla en algo. Pensamos en un escultor que trabaja en un bloque de mármol. La escultura está ya dentro del bloque; es nada más una cuestión de ir tallando el mármol para revelarla. Luego, algunos artistas suelen comenzar y terminar una obra en una sola tanda. Otros (como en mi caso) trabajan en varias obras a la vez, todas en diferentes etapas de elaboración, de la misma manera que un maestro de ajedrez juega contra varios contrincantes simultáneamente. Hay los que trabajan de manera parecida a la de un arqueólogo: saben dónde buscar, pero no saben exactamente qué van a encontrar. Su método es dar vueltas alrededor del lugar seleccionado hasta que su intuición les dice dónde pueden estar localizados los objetos ocultos. Entonces los excavan con cuidado, los destapan y finalmente los hacen visibles.

El uso del azar como método ha sido un instrumento adoptado con frecuencia en los últimos cien años, convertido en culto por los surrealistas. El uso de elementos del azar y de accidentes como método por parte artistas en todos los campos ha permitido que la intuición desempeñe un mayor papel en crear obras de arte. Se han escrito un sinnúmero de teorías críticas sobre el uso de dos actrices en el mismo papel en la última película de Buñuel, *Ese oscuro objeto del deseo,* y cómo él había resuelto cuidadosamente la idea brillante de mostrar la dualidad del temperamento y de la naturaleza de la muchacha con este recurso. Pero fue el afortunado manejo del azar que lo condujo a él. Según me dijo Juan Luis Buñuel, que estaba trabajando en la filmación, habían contratado a la actriz Maria Schneider para el papel principal, pero a las dos semanas de rodaje, resultó imposible seguir trabajando con ella. Otra actriz tenía rápidamente que reemplazarla. Después de entrevistar a varias candidatas, se quedaron con dos, incapaces de decidir entre una y otra. La presión del tiempo era intensa, pues habían perdido ya demasiado tiempo. Como las discusiones parecían interminables, Buñuel repentinamente dijo: "¡Basta! Metan a las dos de una vez, y vamos a filmar ya". Un momento de inspiración provocado por el azar y captado por el genio de Buñuel.

Una parte importante del método de un artista consiste en definir cuándo una obra de arte se da por acabada. Los expresionistas abstractos dirían que es el estado preciso en que la obra se encuentra cuando dejan de trabajar en ella. Renoir dijo que él sabía que una pintura estaría terminada cuando sentía que podría pellizcarle las nalgas a la imagen de la modelo. Con otros, acabar una obra sería solamente cosa de rellenar los espacios que quedan en blanco. Hay quienes intentan provocar ciertas reacciones en el espectador, cuya participación es necesaria para completar la obra. Es por ahí.

Se cuenta con muchas y diversas maneras en que un artista abordará una obra de arte naciente, pero su motivación básica es siempre la misma: la necesidad de comunicarse. Y para esto se necesita un método. No basta sólo entrar en trance. No es por ahí.

La idea popular de que los artistas se quedan sentados en espera de ser iluminados hasta que les llega la inspiración es tal cliché que es difícil convencer a la gente de lo contrario. El artista no es como el señor Micawber de *David Copperfield*, que confiaba eternamente en que "algo bueno va suceder", o como un atleta sentado que un buen día dice "hoy me siento inspirado y con ganas de correr una milla en cuatro minutos". Por supuesto, los artistas tienen sus momentos óptimos en que las cosas salen bien sin más ni menos, y resultan buenas obras gracias a ello. Pero siempre hay que estar al tanto y en buena forma para aprovecharlos, porque nunca se puede saber cuándo llegará el momento.

Dickens y Dostoyevski, entre otros, escribieron libros por entregas mensuales para las revistas, con las presiones (en otras palabras, *el pánico*) de una fecha fija para terminar, lo cual debía de ser un estímulo fuerte para ellos que afectaba a la trama de su historia. El Marqués de Sade necesitaba la relativa tranquilidad de la cárcel para escribir, porque su vida cotidiana de orgías y desmadres no le dejaba mucho tiempo para concentrarse en su quehacer literario.

Hay que ver cuántos métodos diversos se utilizan entre los directores de cine. Woody Allen nunca comunica a sus actores cuál es la trama de la película en que están trabajando, sólo se enteran de sus diálogos referentes al papel que les toca. Él piensa que así sale la actuación más fresca y espontánea. Buñuel no se detenía en hallar ángulos o efectos rebuscados de los emplazamientos de la cámara. Tenía una historia clara que contar y ponía la cámara a contarla. A Fellini le gustaba mucho improvisar mientras, según dicen, Hitchcock no se molestaba siquiera en mirar el encuadre a través de la lente de la cámara porque tenía cada detalle y movimiento cuidadosamente resuelto de antemano.

Todos los métodos son válidos mientras constituyan el mejor instrumento para llevarnos a donde queremos. Un método es una estrategia para alcanzar una meta determinada, y aunque la meta puede variar desde lo sublime hasta lo absurdo, el método puede todavía tener su propio mérito. Tengo un cariño especial por los inventores, sobre todo los que idean objetos extravagantes de uso dudoso. Entre tantos que he visto, mi favorito es una bicicleta que puede subir árboles. Este ingenioso invento está cuidadosamente elaborado con unos ganchos grandes como tenazas afiladas que salen por la rueda delantera. En teoría funciona muy bien. (Acordémonos del teórico francés que le dice a su colega inglés: "Pues sí, funciona en la práctica, pero ¿funcionaría en teoría?"). Sin embargo, el hecho de que el esfuerzo requerido rebasaría la fuerza humana no disuadió al inventor de perseguir su meta. Al llegar al árbol y poner la bicicleta en posición vertical, logra enganchar el tronco, y con un esfuerzo sobrehumano llega a subir unos cuantos centímetros del árbol. Habrá que perfeccionarlo más. También tenemos tenedores motorizados que enrollan el espagueti, eliminando así la necesidad de darle vuelta a la mano, y relojes despertadores que arrancan las sábanas de la cama para que uno no se quede dormido, y así, como éstas, muchas maravillas más. Estas invenciones pueden hacer pensar ¿por qué pierden el tiempo? Pero aunque no fuera la intención, hay poesía en ellas.

Hay métodos empleados en el arte que son paralelos a estas invenciones, como cuando el viaje creativo se convierte en la meta más que en el destino. Es, por ejemplo, el método básico adoptado por los pintores de la escuela del expresionismo abstracto.

Los métodos también están compuestos en mayor o menor proporción de tics y supersticiones, elementos irracionales pero necesarios. El gran pintor francés el *Douanier* Rousseau, vestía, según dicen, su uniforme oficial de aduanero al pintar sus cuadros, tal vez por respeto a su *métier*, pues creo que no habría conseguido los mismos resultados vestido con su ropa del diario.

Mi encuentro más reciente con la necesidad absoluta de un método sucedió hace aproximadamente cuatro años, cuando acababa de firmar un contrato afiliándome a una compañía de seguros médicos en Nueva York. Uno tiene que elegir un médico de cabecera, y por ello la compañía me envió un directorio con una lista de médicos afiliados, de los cuales tenía que escoger uno. Era del tamaño de un directorio telefónico, con millares de nombres. Elegir un médico. ¿Pero cómo? Necesitaba un método. ¿Pero cuál? Podía dejar caer el libro al suelo y buscar un nombre en la página que se había abierto al azar, y luego lanzarle un dardo desde cierta distancia. O podía, con los ojos vendados, abrir una página al azar y pegar el dedo en un nombre. ¿Qué hacer? El método que finalmente utilicé resultó muy bueno. Pensé que debía buscar el nombre más parecido a "Frankenstein". Encontré a un tan Finklestein, quien ahora es mi médico, un doctor excelente y concienzudo.

Más vale tener un método.

Meche Oteyza, Manuel Felguérez y Brian Nissen, saliendo de una cantina en Pachuca

OREJAS, BIBLIOTECAS
Y PIANOS DE COLA

El gran escritor John Ruskin, crítico y teórico de arte de
enorme y duradera influencia, y por si fuera poco, refor-
mista socialista, científico y filósofo, fue quizá la máxima
figura intelectual de la época victoriana inglesa. Sin embargo, su pasión por la estética se estrelló de manera de-
vastadora contra la vida real, quizá debido a la estricta
e hipócrita moral protestante de la época, o quizá simplemente por su desmedida exaltación de la belleza. A los 27
años, Ruskin se casó con Effie Chalmers Gray. Después
de seis años, el matrimonio fue anulado so pretexto de
nunca haber sido consumado. Sucede que Ruskin, que ya
era un reconocido crítico y autor de teorías sobre la belleza en el arte y la arquitectura, sufrió un trauma espantoso en su noche de bodas, al encontrar que el pubis de
su mujer era peludo. Le pareció una monstruosidad, una
deformación aterradora que le causó repugnancia. Su conocimiento y apreciación estética de la figura femenina
desnuda provenían de su profundo estudio del arte, sobre
todo de la pintura y la escultura de tradición clásica y
neoclásica, donde la vulva de la mujer siempre aparece

depilada, suave, lisa y pulcra como el mármol. Figuras castas y deserotizadas. La visión del horroroso pelambre hirsuto le habría parecido como una grotesca barba desplazada, algo parecido a la reacción de horror que sufrió la mujer en la película *Un perro andaluz*, de Buñuel/Dalí, cuando encuentra que su boca desaparece repentinamente y es reemplazada por su peluda axila. Sea como fuera, Ruskin no pudo superar el asco y su disgusto hizo que jamás tocara a su desafortunada mujer.

Durante su época, en el norte de Europa reinaba el puritanismo. Se llegó a recomendar que en las bibliotecas se separara a los autores de las autoras. Nada de promiscuidades. También reprobaba el uso de los zapatos de charol para las mujeres, pues en su calidad de espejos improvisados podían captar imágenes atrevidas o atisbar en sitios donde las faldas y las crinolinas parecían resguardar a la dama en cuestión. Por pudor hacían discretas falditas para cubrir las patas de los pianos de cola.

Aun así, lo erótico se filtra por todas partes, frecuentemente disimulado. También hay que decirlo: lo erótico se encuentra en sitios inesperados, donde monta sus emboscadas. Pensamos en el caso de una *vedette* parisina que bailaba en un cabaret de la Ciudad de la Luz. Era muy atractiva, lo cual confirmaban los asiduos al antro. Se peinaba con dos enormes rulos espirales que le cubrían las orejas. Siempre se presentaba así, con las orejas tapadas. Algunos comentaban que debía de haber perdido esos apéndices auditivos o que debían de estar al revés, y el mero rumor suscitaba chismes y especulaciones. Las orejas se convirtieron en obsesión erótica entre el público; más de uno deseaba romper el secreto. La fama de esos rulos cruzó fronteras, y un día un millonario de Tejas llegó al cabaret y se llevó a la *vedette* a su país, donde montó con ella un espectáculo en el cual se develaría el secreto que ocultaba su peinado. Resultó ser que sí tenía orejas, y muchos apostadores perdieron tanto su dinero como su ilusión. Está claro que el efecto era tan tremendamente erótico por la obsesión que despertaba el misterio, incluso uno tan absurdo como ese.

Hay un espíritu de ingenuidad o de infantilismo detrás del lenguaje pueril que utilizan los amantes para comunicarse sus deseos por medio de niñerías. Ese mismo espíritu se manifiesta en el *striptease*, cuando asistimos al rito de la anticipación de la desnudez. En México esto es más directo y sin escalas que en cualquier otro lado: aquí el público quiere que las *vedettes* se encueren de un plumazo, y con esto alcanza la euforia. En eso los mexicanos son únicos. Recuerdo las épocas del Teatro Iris, que tenía un público tan entusiasta que contagiaba ese ánimo. Los presentes trataban de ver y de tocar a las deseadas bailarinas con vocación enloquecida. Los hombres que se ponían junto a la pasarela donde se agachaban las chicas desnudas llevaban cascos de minero con linterna para ver mejor la ofrenda íntima. Cuando cierta *vedette* ejecutaba un baile erótico que consistía en rozar el micrófono contra su cuerpo y pasarlo por debajo de sus nalgas giratorias, se escuchaba el grito que salía desde el balcón: "Si te echas un pedo, nos dejas sordos a todos". Júbilo de un público apasionado como el del fútbol, que gritaba "pelos, pelos" a las chicas para que de revelaran su pubis de inmediato. Me entusiasmaban los mexicanos, tan sueltos y abiertos, a diferencia de otros públicos similares de Europa o Estados Unidos. Lo de allá me remitía al humor, y es en lo erótico donde el humor y la risa son figuras capitales.

Mi libro *Voluptuario* surgió del afán que tenemos muchos artistas por hacer dibujos eróticos. Y es que aunque haga escultura y pintura, el dibujo es mi primer amor. El proyecto me divirtió, cargado como estaba de un espíritu de alegría. Entiendo que mucha gente no ponga en la pared un dibujo erótico, pues puede resultarle conflictivo. En cambio, en un libro las imágenes van y vienen; lo podemos abrir y ahí están, o cerrarlo para dejarlas descansar. En alguna ocasión le mostré los dibujos a Carlos Fuentes, y como le encantaron, decidimos darles forma de libro. Siempre lo vimos como un deleite divertidísimo. Seleccionamos los dibujos y Fuentes elaboró un texto que se sumó al humor de las imágenes: un espléndido texto lleno de juegos de palabras y de albures. Palabras que se seducen mutuamente. Luego traté de que el libro tuviera un ritmo, un diseño armónico. No fue nada fácil encontrar una editorial, pero finalmente se publicó en Nueva York, con una edición muy grande que resultó exitosa. En Estados Unidos aún subsiste un ánimo muy conservador, pero coexiste con una libertad de expresión bien protegida. La presentación de *Voluptuario* en Nueva York fue en la elegante y sobria librería Rizzoli, en un ambiente bastante distinto a la que aconteció en el Museo del Arte Moderno en la ciudad de México. Aquí erigieron un escenario para la ocasión, y después de un par de discursos introductorios, la mejor estrella de cabaret en México, Astrid Hadad —que solita es una especie de mariachi kamikaze—, dio una enardecedora y estimulante actuación especialmente elaborada para el evento. Siempre confecciona atuendos sumamente inventivos, y esa vez apareció vestida como la Madre Patria. Su traje comprendía un inmenso sombrero mexicano poblado de figuras pequeñas que rodeaban la base de una réplica del monumento más famoso de México, designado por ella como el Monumento de la Dependencia; cosida bajo el cuello, una imagen del águila norteamericana cogiéndose al águila azteca. Más abajo, adheridos a cada uno de los varios senos con que estaba dotada, unas pequeñas figuras identificables como ex presidentes de México enchufados en cada pezón, chupando de la patria y dejándola seca. Como una atracción adicional, con la compra de cada libro se obsequiaba un sobre pequeño con un poema romántico escrito por Xavier Villarutia y un condón adentro. *Voluptuario* forma parte del rincón íntimo de mi obra. Me encanta el humor erótico; en cambio, me aburre la obviedad de la sexualidad agresiva y del morbo. Para mí, es en el erotismo juguetón donde nace y renace el deseo.

El erotismo es la sexualidad filtrada por la imaginación. La contraparte es la pornografía, a menudo antierótica, dirigida al *voyeur*, donde impera el gusto salaz, a través de la violencia, la humillación y la crueldad. A mí me encanta el dominio lírico de lo erótico, el territorio humorístico, travieso. Hay que aclarar que todo arte tiene algo de erotismo. Mejor dicho, hacer arte tiene algo de erotismo. Hasta cuando trabajo con cera o arcilla, hay un elemento muy sensual del tacto; algo espontáneo, inmediato, que da una sensación casi de cachondería. También podría decirse que el erotismo está en la comida y en la bebida, y en infinitas facetas de la vida cotidiana que no quiero enumerar por no encasillarlo. Algo seguro es que la imaginación sensual resulta de los deleites del cuerpo y de los sentidos, y es allí donde nace el erotismo. El lenguaje también tiene una fuerte carga de sugerencia erótica, sobre todo porque se presta a una serie casi ilimitada de juegos verbales, y en ese ir y venir, casi sin pretenderlo, nos va llevando a los terrenos del placer.

El arte erótico se manifiesta en una enorme variedad de visiones y versiones. Es curioso ver de qué manera la obra erótica de distintas culturas y épocas revela las suyas, así como el carácter de su temperamento sexual. Lejos de los conceptos del pecado, la vergüenza y la culpa, y liberadas de inhibiciones cristianas, otras grandes culturas veneran los goces del cuerpo y la exaltación sexual. Veamos los grandiosos grabados eróticos japoneses del periodo Edo. Son notables por la exquisita finura de su trazo, pero también por el inaudito detalle con que están dibujados los robustos genitales femeninos y los formidables penes ferozmente erectos, con sus venas casi a reventar. Yendo hacia el oeste, observamos las imágenes eróticas chinas, que son menos violentas, más serenas y ecuánimes, hasta llegar a la India, donde las esculturas de los templos rinden homenaje al sentimiento cósmico y a los deleites naturales del sexo y los placeres del cuerpo. Por otra parte, las dulces representaciones del coito en el arte mogol son de lirismo puro, mientras que las figuras juguetonas hetero y homo eróticas que adornan las vasijas de la Grecia clásica se han dibujado con gran delicadeza y garbo.

Todavía hoy, el puritanismo nos amenaza con sus prohibiciones. El cine estadounidense es un gran promotor de la violencia; hace apologías del sadismo y el morbo. Y sin embargo, sigue habiendo cosas inaceptables. Para las producciones de Hollywood, es tabú que las mujeres (los hombres no) muestren vello en las axilas. Para la industria porno, donde todo está permitido, no importa cuán bizarro o denigrante sea, el pubis debe estar completamente depilado, rasurado y liso como una bola de bi-

llar para que tenga un aspecto aséptico, sanitario y esteri-
lizado. En medio de los tiroteos, mutilaciones, sangre y
matanzas, las damas deben mantener una imagen higiéni-
ca. Otra extraña manifestación del puritanismo protestante. Por ello, el pecado en el catolicismo nos parece más
sabroso, más sazonado, sobre todo como lo manejaba
Luis Buñuel y otros cineastas de esta tradición cultural.
El propio Buñuel frecuentemente invocó el dicho: "El sexo sin pecado es como un huevo sin sal". Sin duda. Lo
prohibido es lo deseado.

IQUITOS

En 1970 fui invitado a exponer mi obra en una galería de Lima, adonde llegué junto con mi mujer después de haber participado en la Bienal Coltejer en Medellín. Colombia se hallaba en estado de sitio y había un estricto toque de queda, lo que implicó que los cuarenta o cincuenta artistas que llegamos para la inauguración fuéramos alojados en el mismo hotel. Durante el día los únicos dos coches disponibles con salvoconducto nos transportaban de ida y vuelta a la Bienal; en cada auto cabíamos ocho o diez personas medio sofocadas, y poco a poco logramos instalar nuestras piezas a tiempo para la inauguración. Los invitados estábamos secuestrados en el hotel a partir del anochecer, lo que resultó provechoso para el bar, que hizo negocio con las copiosas cantidades de alcohol que consumíamos hasta la madrugada, mientras charlábamos y contábamos chismes y anécdotas sobre los gustos y fobias del arte y los artistas.

El dueño de la galería en Lima se llamaba Carlos Rodríguez: un hombre simpático, gentil y devoto del arte que exponía guiado por sus convicciones y cuyo espacio había ganado una excelente reputación. Habíamos planeado un viaje a Cuzco y Machu Picchu, pero Carlos nos contó una extraordinaria historia sobre su familia, oriunda de Iquitos, un pueblo portuario ubicado en el Amazonas peruano, cerca de la frontera con Brasil, donde su hermano fungía como capitán de la estación naval, y decidimos modificar nuestro itinerario para conocer ese sitio remoto.

La historia en cuestión me viene a la mente y la cuento cuando escucho a gente maravillada con las fantasías encontradas en el movimiento literario lamentablemente denominado "realismo mágico". Carlos nos dijo que nunca había ido a Iquitos aunque había venido de allí cuando era apenas un bebé. Había nacido allá al igual que su madre, casada con un diplomático peruano cuyas largas misiones en Europa lo obligaron a separarse de la familia por periodos prolongados. La familia materna se había hecho rica en los pocos años que duró el auge del caucho, cuando Iquitos fue enormemente próspero, hasta que a principios de la década de 1900 se establecieron plantaciones de caucho en la Península Malaya. El pueblo, lejano e inaccesible, cayó entonces en el abandono. El padre de Carlos solicitó un puesto importante en el gobierno de Lima, que le fue concedido, y se mudó allá con su familia.

La casa de Iquitos estaba llena de finos muebles venidos de Europa, muy escasos o prácticamente inexistentes en la capital peruana, así que el padre decidió llevárselos; esto requería una caravana de cargadores que transportaran las pertenencias a través de la selva tropical, subieran por las estribaciones y cruzaran la formidable cordillera de los Andes. Durante el viaje, que tomó varios meses, la madre y los dos hijos pequeños acompañaron a los peones. Cuando finalmente estuvieron cerca de Lima, el padre los alcanzó y empezó a revisar el inventario de artículos traídos de Iquitos; con gran asombro descubrió unos baúles repletos de piedras, que habían sido cargados a través de las montañas, y exigió una explicación a los responsables. Le dijeron que, al llegar a las estribaciones de los Andes, hallaron piedras regadas por doquier y las recogieron porque estaban seguros de que en Lima no habría ni una sola.

Sucede que no hay piedras en toda la cuenca del río Amazonas, formada durante eones por cieno procedente de los Andes. Iquitos, sin embargo, tenía calles adoquinadas y pavimentadas, aunque con baldosas traídas de Portugal; también contaba con un teatro de ópera, más pequeño que el de Manaos pero no obstante bellísimo. Las piedras y baldosas empleadas en su construcción habían llegado de Europa, cruzando el océano y luego tres mil seiscientos kilómetros por el Amazonas. Los barcos las traían como lastre, para no viajar vacíos antes de regresar cargados de caucho. En Iquitos nunca se habían visto piedras y fueron consideradas objetos preciosos: eran las cosas más duras que se habían conocido, venidas de tierras lejanas. Durante los años del *boom* del caucho, las familias más ricas de Iquitos mandaban sus camisas y vestidos a lavar y planchar a Europa aunque la travesía durara tres meses de ida y otros tres de vuelta: no había problema, los barcos viajaban constantemente. Cuando los cargadores llegaron a las estribaciones andinas y vieron piedras, esos preciosos objetos europeos tirados por todas partes y totalmente gratis, decidieron llevar a Lima tantas como pudieron, seguros de que allá no las conocerían.

Si se relatara en una novela, esta historia —que es auténtica— sería tomada inmediata e inevitablemente como ejemplo típico del "realismo mágico". La verdad es que en este mal nombrado movimiento hay poca magia y mucho más realismo de lo que se piensa o reconoce. Los extranjeros olvidan que hechos y sucesos que les parecen fantásticos o mágicos pueden ser realidades cotidianas en tierras que no consiguen apreciar ni comprender.

De modo que hicimos el viaje a Iquitos. Un viejo avión DC-8 nos llevó de Lima a Pucalpa, un pequeño pueblo a orillas del río Ucayali, uno de los principales afluentes del Amazonas apenas al otro lado de los Andes. La llegada fue una experiencia espeluznante, ya que al final de la rudimentaria pista de aterrizaje se podía ver un cementerio de aviones en diversos estados de descomposición que nunca lograron salir de allí y que habían sido canibalizados para proveer de repuestos. Tuvimos que esperar a que subieran un bidón de gasolina al ala de nuestro avión; luego el piloto metió un tubo de caucho en el recipiente, succionó por la punta, escupió el trago de gasolina e insertó el tubo en el tanque. El viaje continuó. Volar sobre la vasta selva tropical fue una experiencia inolvidable: algo parecido a volar sobre el océano, pero en lugar de agua, una alfombra de follaje verde que se extendía de horizonte a horizonte, infinita.

Iquitos resultó ser un pueblo muy curioso, sobre todo la parte más antigua, donde encontramos la ópera, el casino, algunas casas grandes y pavimentos bellamente embaldosados; el resto, sin embargo, hacía pensar en un poblado fronterizo. Había una magnífica vista del Amazonas; cerca de las confluencias donde gana su nombre, el río tiene casi un kilómetro y medio de ancho y está rodeado por una selva densa. Uno no podía andar más allá del perímetro del pueblo, pues el subsuelo estaba inundado y sólo se podía avanzar en canoa. Iquitos era accesible únicamente por aire o agua; no existía comunicación por tierra. Había poca actividad comercial; el tráfico de animales exóticos —destinados a diversos zoológicos o a la elaboración de zapatos, billeteras y bolsos de piel—, el escaso turismo y unas cuantas ferreterías y tiendas de víveres constituían la economía del pueblo. Desde allí, el río, que se encuentra a sólo cien metros sobre el nivel del mar, corre miles de kilómetros hacia el Atlántico Sur. La vasta cuenca amazónica es tan plana que el formidable río va errando por aquí y por allá, avanzando en arabescos y cerrándose sobre sí mismo, creando grandes lazos que se cortan en lagos en forma de herradura cada vez que toma un curso nuevo, para seguir fluyendo como mercurio sobre una superficie uniforme.

Llegamos al único alojamiento del pueblo —una elevada construcción de madera con un típico porche tropical, mezcla de hotel y casa de citas— y alquilamos un cuarto en el segundo piso; las paredes estaban tapizadas con papel imitación piel de cebra, y había una discreta escalinata que nos habría permitido escapar por la ventana. A la mañana siguiente desayunamos en la veranda y entablamos conversación con un hombre que tomaba café junto a nosotros. Se llamaba Juan Pinasco y era un cincuentón medio calvo, ocurrente y muy simpático; era oriundo del pueblo, así que conocía todos los chismes, historias y tejemanejes locales. Nos contó que los dueños del hotel eran una pareja belga, y confesó que detestaba a los belgas. Me pareció un poco extraño, pero él explicó que unos cuantos años atrás había habido un éxodo de granjeros belgas que huían del Congo tras la independencia del país y que, al descubrir que el clima y el ambiente del Amazonas eran parecidos a los que estaban acostumbrados, habían optado por establecerse en esa nueva región. Estos tipos ex colonialistas le parecían arrogantes e imperiosos, y no sentía más que animadversión por ellos.

Para nosotros fue un golpe de suerte encontrar a alguien tan informado acerca del lugar, y simpatizamos tanto con él que seguimos charlando hasta mediodía. Antes de marcharse preguntó cuánto pagábamos por el alojamiento, y pareció escandalizarse con la cantidad que le dijimos: se estaban aprovechando de nosotros. Entonces comentó que tenía una agencia de viajes muy cerca de allí, en la calle principal, donde había una habitación que no usaba, con cama y cuarto de baño: nos hospedaría gustoso, sin cobrarnos nada. Aceptamos su oferta y lo acompañamos hasta la agencia, una casa de madera sencilla, similar a una choza, con un largo mostrador como de cantina y unos pocos carteles de viajes en la pared; en la parte trasera, en efecto, había un cuarto amplio donde nos instalamos después de ir por nuestra maleta. Durante los días siguientes, Pinasco fue nuestro atentísimo y considerado anfitrión. Tenía una canoa con motor y nos llevó a navegar por los afluentes cercanos, señalando e identificando la extraordinaria flora y fauna mientras nosotros lo escuchábamos fascinados. Comimos con él a diario, probando alimentos locales, frutas y plantas extrañas y pescados del río. Pinasco dormía la siesta a la hora de mayor calor y sugirió que hiciéramos lo mismo para evitar el bochorno opresivo del mediodía.

Nos contó muchas historias sobre la gente del pueblo, por ejemplo cómo los dueños del hotel donde nos habíamos quedado ofrecían a los turistas que alojaban una visita guiada por uno de los afluentes del Amazonas para conocer una remota aldea de indígenas. Era un viaje largo —cuatro horas a través del río— que los hacía penetrar en la selva profunda. Debidamente emocionados, los turistas volvían con la impresión de una experiencia inolvidable. Lo que no sabían era que los indios que habían visto eran en realidad camareros y empleados del hotel, y que la aldea que les habían mostrado estaba a tan sólo un kilómetro del pueblo. El tramo del río por el que viajaban daba una gran vuelta para regresar cerca de donde habían embarcado. Los empleados calculaban el tiempo que tardaría en llegar el barco y se iban en canoa, vestidos con plumas y taparrabos, hasta cierta orilla del río donde habían improvisado unas barracas, y allí esperaban a los turistas. En cuanto el barco aparecía empezaban a bailar y a gritar injurias, ejecutando una danza amenazante y blandiendo lanzas que acababan por arrojar a los turistas estremecidos, que se alejaban con alivio de estas criaturas salvajes. Entonces el personal volvía a sus deberes en el hotel, aguardando la llegada de los huéspedes.

A menudo almorzamos en el club del pueblo, que en otros tiempos había sido un casino. Era un edificio construido con placas de metal, con doble techo y paredes de entrepaños huecos, lo que permitía que el aire atrapado en medio operara como aislante del calor. Estos edificios acondicionados para el clima tropical habían sido inventados por Gustave Eiffel y expuestos en la Exposición Universal de París; cuatro fueron comprados y enviados en partes a la región amazónica, pero al parecer éste era el único que había sobrevivido. Viajamos a diario en la canoa de Juan Pinasco, sorprendidos por lo extraño de la naturaleza, viendo escarabajos inmensos y enormes nidos suspendidos de pájaros sastre. Todo parecía exagerado, de proporciones y características insólitas, como la hormiga gigante isula, que cuando muere se adhiere a una rama y hace que sus patas traseras crezcan como lianas hasta anclarse en el suelo y echar raíces, realizando así una curiosa metamorfosis: un animal que se convierte en vegetal. Había árboles nacidos de semillas que contenían los huevos de los parásitos que luego vivían y hacían sus colonias en ellos. A orillas del río visitamos un mercado hecho en su mayor parte de casas flotantes, y vimos con repugnancia cuerpos de monos colgados para la venta que parecían bebés carbonizados, y otros con la tapa del cráneo cercenada: de ese modo los sesos, considerados un manjar exquisito, podían extraerse fácilmente con una cuchara.

Unos tres años después de ese viaje dimos una fiesta en nuestra casa de la ciudad de México; uno de nuestros amigos invitó a un cineasta peruano, que comentó que había trabajado recientemente en Iquitos. Le dije, por supuesto, que había estado allá tiempo atrás; él me habló de la película que había estado rodando y de las gentes que había conocido en el pueblo, entre otras a un extraño personaje llamado Juan Pinasco, que tenía una especie de agencia de viajes. Antes de que yo pudiera decirle que lo conocía, me dijo: "¿Sabes lo que hace este tipo? Consigue parejas jóvenes para alojarlas gratis en una habitación de su agencia, y mientras se echan la siesta y cogen, las espía a través de un hoyo en la pared detrás del mostrador". "¿De veras? —contesté—, qué curioso". En realidad, pensaba que el cuarto no resultó tan barato como había imaginado.

UN AUTOR, UN ARTISTA,
UN ASESINATO

Cuando conocí a Mario Moya Palencia, él era el dirigente de la industria de cine en México. Era un político poco común, cordial y locuaz, que frecuentaba galerías y museos de arte. Tiempo atrás había sido abogado y periodista, y luego llegó a ser secretario de Gobernación, el segundo puesto en importancia después del Presidente en el sistema político mexicano. Pasados unos años, volvimos a encontrarnos cuando yo vivía en Nueva York y lo habían nombrado representante de México ante las Naciones Unidas. Su gran sentido del humor lo convirtió en un embajador muy popular, le encantaba hacer fiestas para sus amigos y colegas diplomáticos. Tocaba canciones mexicanas bullangueras y románticas, en un órgano eléctrico que había instalado en el salón principal de la residencia oficial. Incitaba a sus invitados a cantar junto con él, y no sólo en sus reuniones privadas, sino también en los festejos nacionales y celebraciones oficiales, a las que acudían muchos embajadores para hacer acto de presencia. Los agasajados no dejaban de sorprenderse, incluso asustarse, por la exuberancia, la informalidad y el alegre ambiente de esas reuniones.

Recuerdo una fiesta que Mario dio para celebrar su cumpleaños. Descubrió que ambos cumplíamos años en junio bajo el signo de géminis y me preguntó si sabía cuáles eran las características típicas de los géminis. Dado que no tenía ningún interés en los horóscopos admití que no sabía absolutamente nada al respeto. "Bueno, entonces te cuento como son los géminis. Tienen dos personalidades distintas, dos características diferentes. Por un lado, son muy talentosos, carismáticos, inteligentes y cultivados. Pero por el otro son… mucho, mucho mejor".

Un día mencionó que había estado escribiendo un libro acerca del pintor inglés Daniel Thomas Egerton, que vivió en México de 1831 a 1842. Por supuesto conocía muy bien las pinturas de Egerton. Sus obras más celebradas son grandes paisajes del Valle de México y escenas de pueblos y ciudades provinciales. Lo qué no sabía era que había sido asesinado cerca de su estudio en México, y que los acontecimientos y circunstancias de su muerte seguían siendo un misterio. Mientras explicaba esto nos fuimos dando cuenta de extrañas coincidencias que me ligaban con Egerton. Éramos artistas ingleses que habíamos vivido en México, identificados con la cultura mexicana y considerados artistas anglo-mexicanos: ambos nacimos en el barrio de Hampstead en la ciudad de Londres y, para colmo, cuando Egerton vino a México levantó su estudio en el distrito de Tacubaya, al igual que yo.

Pasados unos días, Mario me llamó y preguntó si no me importaba que hiciera uso de mi persona como personaje de su novela, y desde luego contesté que estaría encantado. Dos semanas después me llamó de nuevo, ahora con la noticia de que se había quedado tan intrigado por las extraordinarias coincidencias entre Egerton y yo, que pensaba hacerme el protagonista de su libro. Quería estructurarlo con narrativas paralelas que transcurrieran en dos épocas, 1840 y el presente. La primera, basada en documentos relacionados con el homicidio de Daniel Thomas Egerton y las pesquisas que resultaron en la captura de los asesinos contratados. La segunda, que contara la historia de la meticulosa investigación del crimen que se hizo en Inglaterra, Estados Unidos y México. No obstante, como recurso literario, quería utilizar mi persona como su *alter ego*, y que fuera yo quien hiciera las investigaciones que él mismo había hecho, supuestamente obsesionado por las extrañas coincidencias que me ligaban con Egerton. La primera escena del libro sucede en mi estudio en Saint Mark's Place en el East Village de Nueva York, donde el personaje Nissen tiene sueños recurrentes imaginándose como Egerton en la víspera de su asesinato. Consecuentemente, Nissen determina indagar las circunstancias de la vida de Egerton que condujo a su espantoso asesinato hace 145 años, y finalmente escribe un libro acerca de su historia. Éste, por supuesto, sería *El México de Egerton*.

* * *

El libro fue publicado en 1991 y es una extraordinaria novela que pertenece al género histórico-policíaco, a base de sucesos verídicos y gente real. Repleto de material documental, es también un retrato social y político del México de la postindependencia. *El México de Egerton* narra la historia de un crimen que ocasionó gran escándalo nacional y graves repercusiones internacionales. Provocó una disputa diplomática entre Gran Bretaña y México debido a que las autoridades mexicanas ocultaron lo que sabían de los hechos. Mario pasó cinco años investigando el asesinato de Egerton y, siendo diplomático, tuvo acceso excepcional a los archivos de Relaciones Exteriores de Gran Bretaña, México y Estados Unidos, además de cartas oficiales, envíos, notas de periódicos referentes al crimen, informes contemporáneos sobre la pesquisas y escudriñamientos posteriores. Siguiendo pistas de fuentes insólitas, descubrió fragmentos del diario de Egerton en una biblioteca en Londres. Sus rigurosas investigaciones lo llevaron a destapar no sólo una conspiración política cuyas implicaciones internacionales eran históricas, sino a revelar finalmente quiénes fueron los verdaderos autores del crimen y cómo el gobierno de la época los encubrió.

Daniel Thomas Egerton y su amante, Agnes Edwards, fueron asesinados en un camino solitario próximo a la aldea de Tacubaya, en las cercanías de la ciudad de México, en el atardecer del 27 de abril de 1842. El pintor Egerton, de cuarenta y cinco años, fue apuñalado por asaltantes desconocidos. Su amante de veintidós años, embarazada de ocho meses, bestialmente masacrada. El cadáver de Egerton fue encontrado apuñalado salvajemente en la cara y el pecho, su anillo de oro, su reloj y algunas monedas en el bolsillo. El cuerpo de la joven amante fue arrastrado por los pelos, y tenía contusiones y huellas de mordidas en su vientre. El feto murió. A ella la habían golpeado, estrangulado y violado: quedaron intactos su cruz de oro en el cuello y un anillo también de oro. Extrañamente, una hoja de papel con sus nombres y la dirección de su casa apareció prendida a su falda.

Egerton nació en Hampstead el 18 de abril de 1797,

donde su madre lo crió con su hermano. El padre de Egerton era el octavo duque de Bridgewater, un clérigo clasicista, ostentoso y excéntrico, que vivió los últimos treinta años de su vida en París. Sus hijos William Henry y Daniel Thomas eran ilegítimos, así que fueron privados de heredar la fortuna de la familia, aunque recibieron una pequeña renta de unas fincas. Daniel Thomas logró ser un pintor reconocido, y a partir de 1824 exhibió sus obras anualmente en la Real Sociedad de Artistas Británicos, recibiendo mucha alabanza de la crítica. Persiguió sus intereses artísticos y científicos y se entregó a la vida intelectual de Londres —era amigo del poeta Shelley y de su esposa Mary. Se casó antes de cumplir veintiún años y tuvo tres hijas. La pareja se separó en 1829 y el mismo año, Egerton recibió una carta de su hermano Guillermo Henry contándole del mundo extraño y maravilloso que era México, donde se había establecido como hombre de negocios, animando al pintor a ir a visitarlo.

Egerton viajó a México en 1830 y permaneció hasta 1837, año que regresó a Inglaterra para exhibir las obras que había hecho en México, y publicar un magnífico portafolio de litografías titulado *Vistas de México*. Volvió en 1841 en compañía de su ayudante y amante, Agnes Edwards, y un año más tarde ambos fueron asesinados. Egerton exploró y pintó México durante diez años: sus obras, grandes pinturas, acuarelas, dibujos y litografías se encuentran principalmente en México, donde es mucho más conocido que en su Inglaterra natal. Cuidadoso observador, su pintura pertenece al género realista de la época, tal vez con un toque romántico. Su hermano William le compró muchos dibujos, y a menudo le pidió que dibujara sitios específicos, seleccionados por él. Egerton perteneció a un pequeño grupo de artistas cuyas ilustraciones, representando la topografía, flora y fauna y otras características propias de México, dieron a conocer por primera vez esos lugares y costumbres a los europeos.

El canciller británico, Lord Canning, había advertido a las potencias europeas de no interferir con las nuevas repúblicas latinoamericanas, sin embargo, Gran Bretaña, impaciente de romper el monopolio comercial de España, secretamente apoyaba a México contra los intentos de Estados Unidos de ocupar territorios mexicanos, esperando ser recompensada por su ayuda con el regalo de una gran parte de California. Después de ganar la independencia de España, México pasaba por un período de inestabilidad política, que dio lugar a un vacío de poder. La jerarquía establecida se resistió, y con éxito, de ser eclipsada por una nueva sociedad democrática en evolución que estaba experimentando una formación difícil. El país cayó presa de grupos oportunistas formados por una oligarquía privilegiada, y vio su recuperación frenada por las luchas internas entre facciones y grupos militares.

El autor desarrolla la narración a partir de las investigaciones penales hechas por las autoridades mexicanas, quienes propusieron dos hipótesis de los motivos de los asesinos. Una suponía que Egerton y a su compañera fueron víctimas casuales de violación y robo; la otra, de un acto de venganza premeditado por parte de un ex amante que Agnes tuvo en Londres, o de una amante mexicana de Egerton, como fue revelado por el periódico *Times* de Londres el 16 de junio de 1842. El hecho de que los cuerpos fueran encontrados con sus objetos de valor encima hizo la última teoría más plausible. Los detalles de la investigación forense y el juicio provienen de noticias publicadas entre 1842 y 1844. Un año después del crimen, gracias a un chivatazo anónimo, aprehendieron a los cuatro asaltantes materiales —unos vagabundos del barrio— quienes confesaron haber participado en el asalto contra los ingleses, sosteniendo que el motivo fue robo y negando haber violado a la mujer, pero sin poder explicar por qué no tocaron los objetos de valor de las víctimas. Dos de ellos fueron ejecutados, otro condenado a prisión y el otro se escapó. La opinión pública mexicana nunca creyó la versión oficial del asesinato. Tampoco los amigos de Egerton, quienes después del proceso siguieron con su propia investigación, con la ayuda del juez presidente del tribunal, que aún tenía dudas acerca de la sentencia que había impuesto y sospechaba que las personas encargadas de contratar a los asesinos podían ser tejanos. Las autoridades, por conveniencia política, prohibieron que las investigaciones continuaran.

William Henry, el hermano del pintor, especulaba en el negocio de las minas y en la compraventa de tierras en Tejas. Colonos norteamericanos habían estado lentamente colonizando el área al norte del Río Grande y presionaban cada vez más para que fuera anexado por los Estados Unidos. Por consiguiente, siendo Tejas territorio mexicano, se prohibió que los ciudadanos norteamericanos siguieran comprando allá tierras o propiedades. A cambio de dinero, William Henry, de nacionalidad británica, prestaba su firma a los norteamericanos para figurar en las escrituras necesarias y que ellos pudieran adquirir las tierras. Encargaba a su hermano dibujos y acuarelas detallados que ilustraban terrenos, puertos, puentes, fortalezas y vistas estratégicas de ciudades mexicanas. En una ocasión, fueron arrestados mientras Egerton dibujaba el Castillo de

Chapultepec, guarnición militar en la ciudad de México, y encarcelados hasta que el embajador británico intervino y los hizo liberar. Sin su conocimiento, los dibujos del artista fueron enviados por su hermano a los tejanos que pertenecían al grupo Nashville-Nacogdoches, encabezados por Sam Houston, para que les sirvieran como inteligencia militar. Ellos contaban con el apoyo del presidente Jackson, y desde 1830, maquinaban la rebelión de Tejas, su anexión a los Estados Unidos y las guerras contra México ocurridas en 1836, 1845 y de 1846 a 1847.

Mientras la República de Tejas se constituía, Egerton volvió a Inglaterra en 1837, y por lo tanto su hermano William Henry dejó de proveer los dibujos estratégicos que Sam Houston y su grupo tanto necesitaban. Éstos, convencidos de que el pintor sabía perfectamente bien la razón por la cual sus dibujos eran utilizados, temieron que se convirtiera en un espía británico y, por lo tanto, en un peligro para su causa, y decidieron que sería prudente eliminarlo. Pero había otra razón por la que los tejanos querían matar a Egerton. Sam Houston y sus consejeros más cercanos creyeron que su asesinato provocaría una querella diplomática entre Gran Bretaña y México, y con suerte conduciría a una rompimiento entre los dos países, subvirtiendo los acuerdos bilaterales de ayuda para México en contra de los planes para la anexión de Tejas por los Estados Unidos. El primer intento de matarlo en Londres, en 1839, fracasó. Egerton volvió a México en 1841, ignorando totalmente que era considerado un espía traidor y el modo en que sus dibujos habían sido utilizados. La sentencia de su muerte que pesaba en su contra fue ejecutada.

Los que encargaron el asesinato nunca fueron castigados o enjuiciados. George Wilkins Kendall, un periodista americano, y su joven ayudante Sully fueron los autores intelectuales. Ambos estaban al servicio de Sam Houston y de los oficiales superiores de la emergente República de Tejas, y contaban con la ayuda de diplomáticos norteamericanos en México. El asesinato, lejos de ser un crimen común de violación y del robo, resultó ser un asesinato político.

De acuerdo con su fe en la doctrina del "Destino Manifiesto" la guerra mexico-americana estalló en 1846. Paulatinamente, la mitad del territorio mexicano se perdió o se vendió a la fuerza, no sólo Tejas y California, sino también Nuevo México, Arizona, Nevada, Colorado, Wyoming, Utah y otros territorios.

La novela es también un retrato de las sociedades británicas y mexicanas de la época, cultural, jurídica y políticamente. Egerton mismo describe el pueblo de Hampstead, acontecimientos de Londres, sus amistades y actividades artísticas y relata detalladamente su vida y trabajo en México. Las intrigas y chanchullos de la política mexicana forman el telón de fondo de la tragedia emergente. Durante ese período, el presidente de México era el general Antonio López de Santa Anna, un personaje inaudito que fue nueve veces presidente de su país, vencedor de la batalla de El Álamo y más adelante vilipendiado por haber cedido o vendido la mitad del territorio de México a los Estados Unidos. Una escena del libro comenta el entierro de Estado que Santa Anna ordenó en honor de su pierna, que le fue arrancada por un cañonazo en una batalla contra los franceses. Fue enterrada con todos los honores militares, mientras su dueño lloraba inconsolable siguiendo al diminuto ataúd hasta la sepultura.

Daniel Thomas Egerton nunca sospechó que estaba bajo vigilancia y que su vida corría peligro; menos, la identidad de quienes planearon su muerte, o que había sido Charles Byrn, el amante homosexual de su hermano, quien lo denunció a los tejanos.

A través de reunir tantas pruebas desde una enorme variedad de fuentes, Mario Moya Palencia finalmente pudo desenmarañar la verdad detrás del asesinato y, un siglo después, logró desatar los hilos del misterio de la pareja asesinada en Tacubaya.

***

El libro fue publicado con reproducciones de documentos relevantes e ilustraciones de obras de Egerton y mías. Logró tener un gran éxito en México y se reimprimió en varias ediciones. Estaba contento de haber asumido el papel del *alter ego* de Mario Moya Palencia, el detective que solucionó un crimen del pasado. La gente me preguntaba constantemente cómo lo había hecho, cuánto tiempo me tomó, dónde encontré tantos datos y información y qué asuntos estaba indagando ahora, y algunos me llamaron para pedir mis servicios de investigador, sin darse cuenta de que yo era, como Holmes, Marlowe, Maigret y Poirot, sólo un detective ficticio.

VISIÓN DOBLE

Solamente un subastador puede admirar
imparcialmente y por igual todas
las escuelas de Arte.
OSCAR WILDE, *EL CRÍTICO COMO ARTISTA*

Me viene a la mente la escena de una película. Una mujer se prepara para dormir en una jungla al norte de Australia. Es una reportera joven, rubia y guapa que ha venido a Nueva York para hacer un reportaje sobre un famoso cazador de cocodrilos. Él la convence de que dormir en la jungla no es peligroso. De pronto, aparece un aborigen con su atuendo ceremonial y se le enfrenta. Ella grita, aterrorizada. El cazador le explica que es su amigo y no le hará daño. Ya calmada, decide tomarle unas fotos. El aborigen advierte que no puede hacerlo. Ella le pide perdón profusamente: "¡Claro, perdóneme, cómo no se me ocurrió! Usted piensa que si capturo su imagen, le quitaré el alma. ¡Qué tonta soy! ¡Disculpe...!" y así sucesivamente. "No, no —replica el aborigen—, no me puede tomar la foto porque se le olvidó destapar la lente de la cámara".

Si observamos una obra de arte que proviene de una cultura que no es la nuestra, tenemos que hacerlo

Voladores de Papantla, Veracruz

conscientes del contexto en que fue realizada. Debemos estar al tanto de que nuestros marcos de referencia posiblemente inhibirán o desvirtuarán la apreciación de lo que vemos. No es cosa de perder algunos matices, sino de precaverse de una lectura errónea. Lo que vemos es una traducción. Es nuestra versión del Otro. Ante formas de arte arcaicas o aborígenes, enfrentamos una fisura contextual.

Nadie duda que el culto de lo primitivo entre los artistas del temprano siglo XX sirvió como catalizador, como un estímulo a la imaginación y como un instrumento que les ayudó a demoler conceptos gastados y cánones estéticos deslavados. Pero su apreciación tenía realmente poco que ver con el verdadero significado y la potencia real de las obras que tenían en tan alta estima. Esos artistas impusieron sus propios contextos a esas obras, por lo general idealizaciones exotistas, colonialistas o románticas ("el buen salvaje"); o bien idealizaciones de la pureza *naïf*, infantilista o de arte producido por personas con afecciones mentales.

Abundan los ejemplos de estos errores del multiculturalismo. Recuerdo la gran exposición *Primitivismo en el siglo XX* que se presentó en el Museo de Arte Moderno de Nueva York, tan castigada por la insistente necesidad de comparar obras "modernas" con "primitivas". Colocadas una junto a otra de manera equívoca y banal, eran yuxtaposiciones odiosas. Había pequeñas esculturas africanas de formas distorsionadas (miembros bulbosos, extravagantes estructuras anatómicas) que fueron aplaudidas como ejemplos de escultura expresionista, hasta que se supo que eran en realidad representaciones realistas de personas enfermas y deformes.

En Nueva Guinea, luego de los primeros contactos con los europeos, se veían nativos que usaban cajas de cereal Kellogg's como sombreros ceremoniales, para diversión de los extranjeros. Y sin embargo, nosotros ponemos sus artefactos mágicos en nuestros museos. Cometemos la misma violencia contextual pero, desde luego, no la reconocemos como tal.

Esta clase de acoplamiento sin sentido crítico es más que desafortunado. En la exposición retrospectiva del gran pintor mexicano Rufino Tamayo en el museo de Guggenheim en Nueva York, esta práctica se puso otra vez en evidencia. Los curadores tenían la idea deplorable de alternar las obras de Tamayo con ejemplos del arte popular mexicano y artefactos precolombinos. Su intención era obvia: querían demostrar que las pinturas y el vocabulario visual de Tamayo estaban arraigados en estos dos aspectos de la cultura mexicana. Los ejemplos elegidos mostraban la calidad más alta, pero el problema no era sólo que competían con sus trabajos, o restaban atención a sus pinturas, sino que ofrecían una lectura falsa de su obra. En primer lugar, las raíces de las obras de Tamayo vienen de la escuela de pintura de París. Del idioma pictórico de Picasso y Braque, los pos-impresionistas, Miró y Bonnard. Allí es donde se encuentran sus raíces. No hay duda de que la manera en que Tamayo utiliza el color es acentuada por el arte popular mexicano, y que algunas de sus formas se derivan de la escultura precolombina. Pero éstos son sólo acentos, o si se quiere, una especie de dialecto, no el idioma en sí mismo. Insistir en montar exposiciones con estas combinaciones conduce a malinterpretar la obra, dando al público una lectura falsa. Tamayo me confió que estaba sumamente molesto con la curaduría de su exposición, pero sus protestas fueron vetadas por el museo.

Recuerdo el fuerte impacto de mi primer encuentro con la escultura precolombina cuando llegué a México. En especial, la primera vez que miré el gran monolito azteca que representa a la diosa Coatlicue. Esta enorme, cavilante piedra, es sin duda una de las esculturas más poderosas y grandiosas del mundo, y su rara historia ha pasado por una serie de contextos metamorfoseantes. Octavio Paz ha escrito un elocuente relato de sus varios avatares, de diosa a demonio y de aquí a obra maestra. Arrancada del gran templo de Tenochtitlan, donde había reinado en calidad de diosa, fue enterrada como ídolo pagano por los soldados españoles y no fue descubierta sino hasta 1790, cuando un accidente la desenterró un instante, el necesario para que se la clasificara como un demonio y se la volviera a enterrar. En 1803 la sacaron de nuevo para que Von Humboldt pudiese mirarla un rato, y de vuelta a la tierra. Más tarde se la sacó otra vez y se la colocó detrás de una mampara en la Universidad, donde la consideraban una contrahechura monstruosa. Eventualmente, cuando se reclasificó como una curiosidad científica y antropológica, se exhibió al público. Hoy ocupa un sitio importante en el Museo de Antropología de la capital, en calidad de obra maestra y sublime obra de arte. La Coatlicue es la misma piedra; la metamorfosis de los significados que se le atribuyen se debe a que ha cruzado por diferentes contextos. La valoramos como obra de arte, pero su contexto espiritual se nos escapa del mismo modo que el de todo arte arcaico que tuvo el mérito de la imantación espiritual. La Coatlicue está llena de signos y símbolos grabados en la piedra; era una presencia a la vez física y conceptual. Hay signos y símbolos labrados hasta en las plantas de sus pies descomunales, que no vieron más que sus creadores y los sacerdotes que los vigilaban. Los atributos mágicos de estos relieves secretos no son menos poderosos e importantes que los que están a la vista. El hecho de que nunca serían vistos era irrelevante. No estamos ante un "objeto de arte", sino ante una presencia mágica, una fuerza cuyo poder dependía de la creencia de quien la miraba, cosa que hoy, desde luego, resulta intraducible. Su significado y su intensidad están perdidos para nosotros y no nos queda sino admirar, para todo efecto, una sombra del original.

En 1990 los voladores de Papantla fueron traídos a Nueva York para representar su ritual durante la exposición *México: treinta siglos de esplendor* en el Museo Metropolitano de Arte. Los voladores llevan a cabo una danza en la punta de un poste de treinta metros de altura que luego continúan, girando en el aire, suspendidos de unas cuerdas que se van desenrollando paulatinamente, haciendo giros cada vez más amplios. El poste se colocó en medio de los desaparecidos rascacielos gemelos del sur de Manhattan. Mientras se preparaban para su arriesgado baile, llegaron los agentes de la compañía de seguros: insistían en que cambiaran sus hermosos penachos ceremoniales por unos cascos de motociclista y que se colocara una red de protección. Los voladores llevan a cabo una ceremonia ritual previa a la danza que certifica su seguridad y que implica degollar un gallo. La escandalizada Sociedad de Protectora de Animales también se apareció, con objeto de detener el crimen. Las negociaciones entre el Consulado de México y los organizadores subieron de tono. Por fin, los cascos y la red quedaron a un lado y los voladores llevaron a cabo su ritual en secreto, degollando al gallo en un baño del sótano del rascacielos.

Aunque observamos el arte del pasado y de otras culturas a través del espejo oscuro de la interpretación, en el que significados y motivaciones apenas pueden percibirse, muchos de sus aspectos formales afectan nuestra sensibilidad y percepción, gracias a una amalgama de afinidades. *Bajo el volcán*, la gran novela de Malcolm Lowry, se considera en México un clásico moderno (logro no menor tratándose de un extranjero que escribe sobre ese país). Otros escritores ingleses como D. H. Lawrence, Aldous Huxley y Graham Greene habían estado en México y escrito sobre él, si bien sus observaciones tendían a ser superficiales bitácoras noveladas o bien, como en el caso de Evelyn Waugh, exabruptos acerbos y prejuiciados. Lowry no entendió necesariamente más a México que los demás, pero su novela roza un nervio muy especial del país. Dicho de otro modo, Lowry poseía una fuerte afinidad de temperamento con el país y sus modos de ser, y ése era su punto de contacto.

El significado de una cosa está atado a su contexto: si se cambia el contexto, cambia el significado. Si queremos sintonizar con otras mentes haciendo otras cosas, debemos afinarnos no sólo en lo que hacen sino también en el contexto en que se hizo.

(Traducción de Guillermo Sheridan)

DR. JEKYLL Y CITICORP

La propia idea de cambio está cada vez más ligada a la de progreso. Pero no debemos confundirlas pese a que están estrechamente ligadas. El progreso es un concepto lineal y científico, mientras que el cambio es un proceso natural o manipulado. El envejecimiento puede ser una progresión, que no necesariamente significa ganancia o mejoría. De la misma manera, nuestras facultades cognoscitivas pueden desarrollarse y expandirse, sin que ocurra otro tanto con nuestras respuestas emotivas. Emociones tales como el amor paterno, la atracción sexual, el miedo, la alegría, los celos, el placer estético, la excitación, siguen siendo las mismas que experimentaron nuestros ancestros remotos. La necesidad de hacer arte como medio para expresar nuestras vidas es uno de nuestros instintos más antiguos y básicos. Desde sus inicios, el arte ha tenido una capacidad camaleónica de cambiar su apariencia, apropiándose de aspectos de lo que lo rodea, mezclándose con ello. Puede cambiar de piel como una culebra, o metamorfosearse como un insecto, pero su naturaleza fundamental y sus poderes emotivos permanecen inalterados.

El cambio tiene muchas caras y facetas, modos y maneras, y su espectro va desde la negación hasta la total indulgencia. Puede frustrarse, congelarse en el tiempo o verse sometido a un exceso de adicción a la novedad, o sea el cambio por el cambio mismo.

El tiempo paró para la señorita Haversham cuando fue engañada y abandonada en el altar. La vieja dama vivió el resto de su vida suspendida en ese momento, sus relojes parados a las nueve menos veinte en la penumbra de su casa desmoronada, la mesa de boda puesta en eterna anticipación, aguardando a los huéspedes que nunca aparecieron. La novedad se expresa principalmente a través de la moda, donde se avivan cambios innecesarios y las exigencias de renovación se crean artificialmente, tan desechables y efímeras como las señales de humo. La moda dicta cómo vestimos y qué prendas llevamos: las faldas suben y en cuanto alcanzan el punto de revelación, bajan de nuevo a la altura del tobillo para volver a subir otra vez. Pero la moda existe en todos los aspectos de la vida: la medicina, los armamentos, el alimento, la ciencia, los juguetes, la historia... Usted diga.

Entre estos dos extremos, los cambios suceden en una variedad infinita de maneras: mutando, transformando, modulando, modificando. Pueden ser resistentes como la tradición —una continuidad donde se deposita el polvo de la historia—, o lentos y reacios como las convenciones o las transformaciones violentas y drásticas.

La tradición es una acumulación de conocimiento que se da como resultado de la experiencia y del uso, y que se consolida como forma autoritaria y estática, ceremoniosa y dogmática. Tal como lo ha expresado G. K. Chesterton:

Tradición significa darle tu voto a la más oscura de todas las clases, la de nuestros antepasados. Es la democracia de los muertos. La tradición se niega a someterse a la insignificante y arrogante oligarquía de quienes tienen el único mérito de andar caminando por ahí.

El conformismo está a la orden del día.

Podemos ver que la resistencia al cambio ocurre por omisión en la disposición del teclado de la máquina de escribir que utilizamos. Las teclas en el lado izquierdo empiezan con las letras QWERTY. La razón para este formato en particular fue mantener aparte las letras más utilizadas, para que los martinetes del tipo no se estorbaran uno al otro y se atascaran. Otros formatos superiores han sido diseñados para máquinas mejoradas, en las cuales se colocan las letras más utilizadas o las vocales en medio del teclado para hacerlas más accesibles. Esto sería una disposición lógica para los nuevos teclados de la computadora; pero aún los muchos y distintos idiomas que utilizan el alfabeto romano podrían tener una disposición más apropiada, sin que permaneciéramos atascados con el formato de QWERTY. El cambio ha sido frustrado. El uso ubicuo lo ha hecho un estándar difícil y permanente. Marinado como la pintura académica.

Las jerarquías cambian constantemente. En algunas sociedades, y en tiempos distintos, la poesía fue reverenciada por encima de todas las otras artes, mientras los pintores y escultores tuvieron el estatus de artesanos excepcionalmente talentosos. En ocasiones, los bardos o los bufones eran los más favorecidos; en otras, los pintores.

La tradición se derrama entre las grietas producidas por el cambio. Hoy en Inglaterra los neurocirujanos pierden el título de "doctor" que reciben en su graduación al finalizar sus estudios médicos junto con el derecho de practicar profesionalmente. Vuelven otra vez a ser nombrados "señor", aunque ponen las letras F.R.C.S. (*Fellow of the Royal College of Surgeons*, miembro del Colegio Real de Cirujanos) después de su nombre. Dados los arduos estudios adicionales y los años de riguroso entrenamiento requeridos para llegar a ser neurocirujano, parece una anomalía curiosa que pierdan la designación de doctor. Esto tiene sus orígenes en las tradiciones de la medicina. Cuando la medicina se consolidó como profesión, los médicos eran considerados los intelectuales de la práctica, los que hicieron avanzar la disciplina mediante la investigación y la experimentación: sus diagnósticos eran la autoridad en salud y curación. Por otro lado, los cirujanos eran vistos como los carpinteros de la profesión, comúnmente llamados "serruchahuesos". Dedicados a tallar miembros y hacer amputaciones básicas, los tenían en baja estima. La situación ahora es, por supuesto, la inversa, y los cirujanos, sobre todo los neurocirujanos, están entre los más respetados del gremio. Pero aquí vemos la obstinación de la tradición incrustada todavía en el título y estatus: *¿Doctor Who?*

A veces las cosas son reacias al cambio. En los parques y espacios públicos de México era costumbre que las familias y parejas se tomaran una foto como recuerdo de su visita. Durante muchos años, una sencilla cámara de cajón de madera bastaba para revelar un negativo de papel y transferirlo a un papel positivo bañándolo en una cubeta de sustancias químicas y luego en otra de agua. Esta técnica continuó aún después del invento de la cámara de película, hasta que apareció la cámara de fotos instantáneas Polaroid. Estos fotógrafos la aprovecharon con cierta cautela. Mantenían la cámara nueva escondida dentro de la cámara de cajón, con su lente apuntando al frente, poniendo la tela negra sobre la cabeza; tomaban el retrato con la Polaroid y, mientras se revelaba instantáneamente dentro de la cámara, hacían el galimatías de poner un papel en el cubo de químicos, fingiendo lavarlo y meterlo en la caja "para secarlo" y... ¡listo!: sacaban la foto instantánea Polaroid. Los clientes, depositando su confianza en un proceso tan familiar, compraban a gusto, satisfechos de adquirir una foto genuina como las de siempre. Esto me parece semejante a lo que le sucedió a la pintura del retrato y del paisaje, que durante tanto tiempo fue una repetición interminable de fórmulas tercamente resistentes al cambio.

El cambio a menudo puede ser violento, drástico e inesperado. La productora Hammer, famosa por sus películas de terror, filmó una versión inspirada en el cuento de R. L. Stevenson con el título de *Dr. Jekell y Mrs. Hyde.* Cuenta cómo el buen médico, al tragar su pócima inmortal, se transforma en una mujer hermosa, voluptuosa e inteligente en vez de en un monstruo diabólico. Ya como la señora Hyde, llega a ser célebre en la gran sociedad de Londres, llevándose a la cama a la mayor parte de los hombres ilustres; después vuelve a su laboratorio hartamente satisfecha, su ninfomanía saciada, a tragar el antídoto y adoptar de nuevo la forma del doctor Jekell. Esto continúa espléndidamente hasta que las transformaciones empiezan a ser irregulares y luego incontrolables. Los primeros signos eran potencialmente embarazosos, como cuando sus senos, encogiéndose, empezaban a desaparecer, y un pene comenzaba a brotar mientras estaba en la cama con un pretendiente. Sin embargo, un trago oportuno de su poción, escondida con cuidado debajo de la almohada, resolvía el problema, permitiendo continuar el acto y ser consumado. Pero el cambio llega a ser más frecuente e inmanejable: la ocultación se torna más difícil y problemática, y cada vez requiere dosis más grandes con más urgencia. No pudiendo posponer el cambio de mujer a hombre y vuelta a mujer tan rápidamente, precisa de viajes precipitados al baño cada cinco minutos. Sus estrategias y poderes imaginativos de convencimiento funcionan bien durante un tiempo, hasta que, incapaz de manejar el proceso, el inevitable desastre no se hace esperar.

Las cosas pueden encontrarse en circunstancias distintas, sea por tiempo o desplazamiento, y sufren un cambio por ello. Hace unos años montaron una gran exhibición en París de objetos descubiertos en la tumba de Tutankamón. Fueron enviados desde Alejandría a Marsella, donde verificaron debidamente los inventarios. Sin embargo, en la inspección de aduanas surgió un problema insólito con la momia del rey Tut: la importación de cadáveres tenía que atravesar un proceso complicado que no se había cumplido, de tal manera que no podía avanzar como se había planeado y la exposición fue suspendida. La dificultad principal era que para solicitar la importación de un cadáver se requería el permiso y documentos firmados por los parientes del difunto, y dado que la momia tenía unos tres mil años, ningún pariente estaba disponible para llevar a cabo el procedimiento. Resultó un obstáculo inflexible y, como la ley pertinente era estricta y bien definida, no había posibilidad de un acuerdo ni manera de arreglarlo. Después de discernir por horas acerca de qué hacer, llamando de vuelta a funcionarios en París, por fin surgió una solución ingeniosa. El gran rey Tut, rey de reyes, entró a Francia clasificado como carne seca. Como cecina. Un cambio alarmante de estatus.

Este ejemplo ciertamente amerita la pregunta sobre el cambiante destino del arte que nos llega de otros tiempos y de culturas ajenas, cuando se enfrentan circunstancias sin relación a sus orígenes, sea una aduana o un museo.

* * *

Cuando de joven me fui a vivir a México, el encuentro con el arte precolombino me provocó una poderosa impresión que influyó mucho en mi pensamiento acerca del arte del pasado y el presente. Hecho por gentes que nunca tuvieron el concepto de arte tal y como nosotros lo entendemos, sus artefactos y esculturas se habían en otro contexto. Se trataba de objetos dotados de poderes con voluntad propia, dirigida al espectador, en calidad de imán espiritual: una piedra imán sagrada. El suyo era un mundo mítico expresado de una manera mimética. En sus bailes rituales imitaban y se identificaban con un animal o un volcán en cuyo espíritu el bailarín trataba de entrar. Los objetos eran ofrendas a los dioses para calmar las fuerzas de la naturaleza que ellos representaban. Nosotros por supuesto vivimos en un mundo empírico donde interpretamos el mundo y lo expresamos en términos más analíticos, buscando el significado de las cosas. Pero dado que venimos de otra cultura y vemos las cosas de una manera radicalmente diferente, hay siempre un elemento vital en esas obras que nos toca y nos abraza.

El contacto con estas obras afectó en gran manera mi visión de lo que era o podría ser la escultura: había algo más allá de un mero juego formal de forma y espacio, algo que se imponía con la autoridad propia de otra dimensión, una presencia palpable que interactuaba con el espectador. Advertí conexiones y correspondencias curiosas que relacionaban los artefactos y la arquitectura precolombinos con nuestro mundo contemporáneo. Hay muchas instancias. Por ejemplo, las iglesias cristianas que se construyeron encima de pirámides arrasadas sobreponiendo físicamente su religión encima de la otra me hicieron pensar en la torre del banco Citicorp en Nueva York. Erigida en el terreno de una iglesia en el centro de la ciudad, se levanta como un gran templo a Mamón, elevándose por encima de una iglesia diminuta. Este rascacielos está suspendido sobre una columna enorme, y su planta baja empieza a una altura de diez pisos. Empotrada en un rincón de su base al nivel de la calle está la iglesia de San Pedro. El rascacielos de Citicorp es una inmensa, lustrosa e imponente torre, que sobrepone su cuerpo y su autoridad a la iglesia agachada en deferencia bajo ella, haciendo de este sitio un especie de palimpsesto arquitectónico. En este caso, el tiempo y las circunstancias han cambiado, pero el mismo proceso sigue a la vista.

La geometría azteca, precisa y sencilla, y su arquitectura urbana tienen una peculiaridad que las distingue de otras culturas antiguas, las cuales nos parecen remotas en el tiempo, reliquias del pasado. Esas ciudades mesoamericanas tienen un aspecto contemporáneo, moderno y aun futurista: sirven como modelo para imaginarias ciudades marcianas que vemos ilustradas en revistas y películas de ciencia ficción.

Se dice que las líneas nazcas grabadas en el desierto peruano son pistas de aterrizaje hechas para naves espaciales extraterrestres. Junto con los montículos sagrados de los amerindios misisipianos, han inspirado hasta el *land art* y otras expresiones contemporáneas que comprenden la intervención física en el paisaje, excavando, cambiando y alterando su topografía.

El cambio no implica mejora ni adelanto, y el arte no debería concebirse en términos de progreso, sino de metamorfosis. Muta. Sublima. Trasciende. No pensamos en nuestras emociones o sentimientos en términos de progreso. Lo que los motiva puede cambiar, y las costumbres, creencias e ideas que los provocan pueden variar radicalmente de una sociedad a otra. El arte que experimentamos hoy es una expresión de ideas contemporáneas y nos habla en un idioma nuevo. Se manifiesta de muchas maneras distintas del arte del pasado, pero su esencia es siempre la misma. Como el hilo de Ariadna, que ayudó a conducir a su amante a la salida del laberinto de Minotauro, nuestra apertura actual a todas las manifestaciones del arte nos ha permitido apreciar las obras del pasado con ojos nuevos: ahora podemos acercarnos a ella con un conocimiento más acertado. Pensemos en el importante papel del arte tribal africano y de Oceanía en el desarrollo del arte del siglo XX. Su poder innato, antes totalmente ignorado, fue reavivado por este conocimiento, y su influencia llegó a ser una potente fuerza en el arte moderno; como un insecto aprisionado por siglos en ámbar, liberado de repente, que alza el vuelo.

Los cambios drásticos que ha atravesado el arte en el último siglo nos han obligado a redefinir su naturaleza. No cabe duda que el catalizador fue la invención de la fotografía, que de un sólo golpe puso en cuestión el canon instaurado del arte europeo tal como se había establecido durante siglos. Sus funciones principales de descripción, documentación, decoración y narrativa forzaron una introspección que replanteó su propósito fundamental. El impresionismo fue el resultado, la primera de varias rebeliones iconoclastas que ocasionaron el arte que vemos hoy. El color, cuya función principal era la recreación realista, fue liberado, y devino un valor en sí mismo: un idioma propio. El negro se volvió un color en vez de un tono oscuro. Cézanne reinventó el espacio pictórico, y Picasso, con su guitarra de estaño de 1912, inventó un concepto nuevo del espacio escultórico. Los constructivistas rusos forjaron y solidificaron el arte abstracto. El golpe mortal al antiguo canon fue dado por los dadaístas, motivado en gran parte por su repugnancia ante la primera guerra mundial, y la moral, el gusto y estética burgueses asociados con ella. Esta rebelión fue mucho más allá de la pintura y la escultura, y abrió un panorama nuevo que incluía el teatro, la poesía, la literatura, la antropología y la arquitectura.

El arte siempre refleja los pensamientos, creencias y sensibilidades de su tiempo, y el que nos confronta hoy posee múltiples manifestaciones, plurales y globales. Una verdadera marea de estilos y temas nos aguarda. Expresionismo abstracto, neo-expresionismo, híper-realismo, *colour field painting*, arte de la apropiación, *pop-art*, *op-art*, *neo-geo*, *fluxus*, *agit prop*, *performance art*, *land art*, *body art*, *graffiti art*, *conceptualism*, arte cinético, *installation art*, *video art*: todo un auténtico calidoscopio de ideas e imágenes.

¿Qué pasa aquí?

Vemos estos mismos procesos de cambio en la continuidad del arte. La convención del retratismo muestra poca disposición al cambio: el género de la pintura de paisaje atravesó una revisión lenta y reacia, desde la invención de la perspectiva en el Renacimiento hasta la pintura atmosférica de Turner. La pintura de alegoría religiosa cambió poco a poco y terminó siendo *kitsch*. Tanto el cubismo, como el constructivismo y el dadaísmo en nuestros tiempos han sido cambios violentos y convulsivos, como los padecidos por el doctor Jekell y la señora Hyde.

Puede parecer muy difícil relacionar las pinturas rupestres de Lascaux con Velázquez, Stonehenge con Soutine, Machu Picchu con Mona Lisa, Giotto con Gaudí, Ankgor Wat con Warhol, Palenque con Pollock, Karnac con Kandinsky, el Taj Mahal con Tintoretto, Holbein con Hokusai, Brancusi con Boticcelli, o Beuys con Breugel, Calder con Caravaggio. Pero el eslabón está siempre allí.

¿Cómo?

El arte se manifiesta de mil maneras, igual que el agua puede existir en tres formas distintas: líquida, sólida y gaseosa. Agua que podemos beber; hielo que podemos tallar, patinar y usar en los cocteles; nieve para esquiar y hacer iglúes; nubes, niebla, lluvia, bruma y vapor que puede impulsar máquinas. Cada estado compone formas diferentes que tienen sus propiedades, conducta, características y cualidades y, tal como el arte, presenta muchas expresiones. Finalmente, pese a estas transformaciones, el agua siempre es agua, y el arte siempre es arte.

La materia e ideas que motivan las artes visuales han tratado numerosos temas y cambian constantemente. Desde las invocaciones de cazadores pintados en las paredes de sus cuevas, hasta los fetiches para conseguir favores, presagios astronómicos, conjuros mágicos, instrucciones religiosas, visiones utópicas, veneración de grandes hazañas, retratos inmortalizados, etcétera, hasta hoy, cuando el arte ha llegado a ser su propio tema, dedicado a examinar su propia naturaleza: autorreferente y, habitualmente, autocomplaciente. En ningún caso resulta más evidente que en el arte conceptual, donde la documentación y el análisis de una obra o una acción llega a ser la obra misma.

El cambio es privilegio de todos los idiomas, sea hablado o visual. Son organismos vivos que mutan, inventan y se adaptan. Pero todas las cosas que podemos decir con idiomas nuevos —aun hablando con argumentos y teorías novedosos, o presentando imágenes nuevas— básicamente tratan los mismos viejos sueños, sentimientos, chistes, cantos de amor, ombliguismos, asombros ante las estrellas y misterio de por qué estamos aquí. Sin olvidar la mayor pregunta: si Dios juega a los dados, ¿por qué pierde en el póker?

EVIDENCIA

MATERIA PRIMA

El sujeto no preexiste; surge de la interacción
entre el artista y el medio… Como cuando una tela le dice a uno:
quiero ser más grande y más expansivo; o el formato le dice a
la concepción: eres demasiado grande o demasiado pequeña para mí,
toda fuera de escala; o una raya dice: gubia mí más —usted es
demasiado cortés o elegante—; o un gris dice
un poco más azul —mi tono actual es incómodo…
ROBERT MOTHERWELL

Los pintores y los escultores tienen una relación íntima con las materias que utilizan, parecida a la que un músico puede tener con el instrumento que toca. Son los equipos, aparatos, dispositivos y materia prima que llevan a cabo su visión y hacen su arte visible. El medio escogido, los aparatos y sustancias con que trabaja requieren una empatía mutua y constituyen los utensilios preferidos en el arsenal de cada artista. Cuando compro pinceles nuevos y comienzo a utilizarlos siento que son antipáticos, poco manejables. No se comportan bien, como zapatos nuevos que no le quedan a uno y no distribuyen el peso apropiadamente, haciendo el caminar torpe y algo difícil. Los pinceles y brochas tienen que ser domados, y con el uso adquieren un contorno formado por el movimiento y la presión de la mano, de modo que hacen la voluntad del artista sin ningún esfuerzo. El papel, la pintura, arcilla, cera, bronce, piedra, tela y los lápices, cepillos, espátulas y toda la parafernalia que se puede necesitar tienen su propia idiosincrasia y comportamiento que deben ser respetados y honrados. La importancia que se le proporciona a este equipo podría parecer ser exagerada, puesto que son, a fin de cuentas, sólo el medio hacia un fin, dado que un componente importante en hacer arte es poder establecer un diálogo con las materias utilizadas: es la colaboración entre el artista y el medio lo que en última instancia define la obra. Uso pinceles muy finos al trabajar pequeños guaches en el papel, pero al pintar a menudo utilizo brochas gordas más toscas, trapos, esponjas, palos o hasta mis dedos. Dado que mis pinturas son en su mayor parte de alto relieve con mucha textura, uso polvo de mármol, corteza de árbol o arena, generalmente empapados con pegamentos o resinas y aplicados mediante tirado, goteado, derramado o esparcido sobre la superficie. Lo que funciona, funciona.

Cerca de mi estudio, en la calle Lafayette, David Davis tenía una tienda de arte, un almacén cavernoso y oscuro repleto de materiales de arte de lo más selecto que había en Nueva York. Su clientela en su mayor parte eran artistas profesionales y uno podía encontrar allí cosas tales como pigmentos en polvo exclusivos hechos por Senellier y Le Franc de París, las mejores telas de lino de Bélgica, pinceles de sable de Inglaterra, Alemania y Japón, por no hablar de un increíble surtido de papeles exóticos de Oriente, África y papel amatl de México. Davis era un verdadero conocedor de los materiales de arte y sus peculiaridades, desde pegamentos hasta estucos, bastidores, brochas o buriles. Eso sí, exigía fidelidad a sus clientes favoritos. Era de Brooklyn, chaparro, calvo y berrinchudo. Pero siempre valía la pena consultarle cosas como los méritos de esta u otra marca de pintura, o cómo cierto tipo de papel absorbería tinta más que otro. Discutíamos sobre los atributos de la caseína comparada al guache o cómo las transparencias de pintura de acrílico diferían de la del óleo. El único inconveniente era su descomunal mal genio, y los que no lo sospechaban eran objeto de sus invectivas. Era temperamental y susceptible. Presencié varias escenas en las que echó a clientes por la puerta, maldiciéndolos e insultándolos de la manera más grosera porque habían dicho algo con lo que él no concordaba o lo habían contradicho, o a veces simplemente porque una observación distraída le había caído gorda. Pero siempre mantuve interesantes conversaciones con él. Y por cierto, siempre me hacía buenos descuentos.

Otra fuente de materia que valía mucho la pena era una pequeña tienda en mi barrio especializada en pinturas y pigmentos, cuyo dueño era un pintor llamado Art Guerra, un artista amable, atento y siempre dispuesto a discutir la historia y composición de sus pigmentos. Era una especie de detective de colores, siempre emperrado en indagar nuevas pistas para encontrar pigmentos exóticos y buscando tenazmente reservas de sobrantes olvidadas durante años por el mercado, para luego crear con ellas su propia marca de pintura. Hay muchos pigmentos con nombres extraños y orígenes de lo más curioso, como el "indio amarillo", que efectivamente viene de la India, hecho de orina seca de ganado alimentado exclusivamente con hojas de mango y vendido en bolas nauseabundas y pestilentes. Por esa dieta exclusiva, el ganado estaba medio muerto de hambre, y la práctica cruel finalmente fue prohibida. "Verde esmeralda" es otro pigmento que llegó a ser prohibido en razón de su contenido de arsénico, particularmente nocivo; se utilizaba para matar ratas en el metro de París, y originalmente se llamaba "verde de París". Favorito de los pintores post-impresionistas, al parecer era la causa de varias de las enfermedades que padecían. Otros pigmentos tóxicos vienen del arsénico, el plomo y el cinabrio. Este mineral lo forma una combinación de un pigmento bermejo intenso y mercurio. Como consecuencia de su alta toxicidad, sacar y refinar cinabrio para extraer mercurio puede provocar envenenamiento, a tal punto que los antiguos romanos condenaban a sus presos a trabajar en las minas españolas de Almadén como una forma de pena de muerte. El cinabrio se colocaba en sarcófagos reales de los mayas, como ha mostrado la tumba en Palenque que contiene los restos de la Reina Roja, completamente cubiertos con pigmento de cinabrio. Los famosos frescos en la Villa de los Misterios de Pompeya también son notables por el intenso rojo de este raro pigmento, el más costoso de todos, con el que las damas de sociedad del Renacimiento pintaban sus labios hasta que se conoció su efecto fatal.

Cuándo todavía vivía en México, llevaba paquetes de pigmentos en polvo desde Nueva York para poder hacer mis propias pinturas con ellos. Utilizaba goma arábiga o aglutinante de polímero, y los mezclaba con pintura ya hecha para intensificar su tono, como si agregara sal a la comida para potenciar el sabor. Pasar por la aduana generalmente era resuelto con una propina generosa, pero a menudo había problemas, sobre todo con el polvo blanco de óxido de titanio, que siempre veían sospechoso. Siempre tenía que explicar qué era, y al abrir un paquete, invitaba al aduanero a inhalarlo, agregando: "Puede usted comprobar que no es cocaína ni heroína, aunque puede caer muerto en el acto si lo hace". Los disuadía al instante.

El color es un recurso que usa la naturaleza para seducir o enviar advertencias a sus criaturas: las flores, insectos y los animales son todos susceptibles al idioma del color y dependen de los mensajes que éstos emiten. Desde la brillante iridiscencia de las alas de mariposa hasta los códigos de colores que actúan como textos, los colores nos afectan profundamente. Su naturaleza y el efecto decisivo que tienen en nosotros es algo muy difícil de expresar en palabras. Aunque los artistas utilicen el color como uno de sus principales vehículos de expresión, es un fenómeno que escapa a las descripciones. Pocos críticos de arte se atreven a tocar el tema, y notoriamente la mayoría lo evade, prefiriendo hablar de la forma, la composición, la línea, el tema, el concepto, etcétera. Quizá porque describir la apariencia o el aura de un color es más difícil que describir su experiencia, y en cualquier caso el lenguaje es inadecuado. El color es aún más difícil de articular que la sensación del sabor o del olor, que se expresan generalmente mediante una metáfora, la analogía con la música o el manifiesto fenómeno de sinestesia: decimos "los colores tienen voz" o "cantando el *blues*". El poeta Wallace Stevens lo expresó bien: "El color es como un pensamiento que emerge de un humor o un clima". Matisse dio el mejor ejemplo de insustanciales colores que se comportan como objetos. Concibió la forma del color. Utilizando tijeras —como si estuviera dibujando con ellas—, recortaba sus papeles pintados a mano, volviéndolos objetos que, cuando quedaban pegados juntos formando una composición, vibraban y resonaban con una autoridad difícil de lograr de otra manera. Los colores se hablan.

La pintura es una sustancia básicamente hecha de pigmentos en polvo ligados con aceite o leche, clara de huevo, glicerina o acrílico, en la que cada elemento define su naturaleza y su apariencia. Las propiedades del blanco dependen de la luz que refleja, mientras el negro depende de su potencial de absorber la luz, y así resulta que todos los colores se afectan por las variantes del tono. No son agentes independientes, y sus efectos dependen no sólo de cualidades como la oscuridad, la transparencia, la luminosidad o la intensidad, sino también de las superficies en que se aplican, tales como el yeso, el estuco, la madera o la tela. Yo mismo no tengo la menor idea cómo trabajo con el color. Es una cosa totalmente intuitiva. No sé por qué pongo este u otro juntos, si no es porque reverberan o parece de algún modo inevitable.

Uno de los relatos más conmovedores que conozco sobre el color y la manera en que nos puede afectar viene de un preso recluido durante años en la cárcel de La Santé de París. En sus memorias cuenta que lo que más lo desmoralizó fue el gris indeleble de sus alrededores y su deseo obsesivo por ver color. Su entorno estaba totalmente descolorido. Su ropa era gris, su celda gris, el pequeño cuadrado de cielo que pudo ver desde su ventana, gris. La gente era gris, el alimento gris. Todo en la cárcel era gris. Pero había logrado guardar un papelito, un pedazo del interior de un sobre. Era rojo. Lo tenía escondido en su celda, y como un tesoro inapreciable, lo sacaba de su escondite y durante horas lo contemplaba. Un color. Lo conectó al mundo.

A través de los años trabajando con herramientas se crea una gran sensibilidad al tacto de los objetos. Me gusta sentir los cubiertos pesados y aborrezco comer con cubiertos de plástico o copas de papel. Muchas veces elaboro mis propias herramientas cuando trabajo con cera o arcilla, tallando una madera o adaptando una segueta a una forma práctica que se sienta bien en la mano, y a veces utilizo instrumentos dentales para detallar trabajos de precisión. La cera es una materia noble que se usa para empezar a crear esculturas en bronce, y viene en varias consistencias, una dura y quebradiza, otra medio suave para modelar, y hasta una pegajosa para adherir. El proceso de fundir bronce es extraordinariamente atrayente por ser una especie de alquimia: hacer que las formas hechas en cera se metamorfoseen en metal. Es la más antigua de las tecnologías que sobrevive, intacta. Curiosamente, nunca hubo una edad de bronce en las Américas, no porque el proceso fuera desconocido —el cobre, la plata y el oro se fundían precisamente de la misma manera que el bronce—, sino porque requería la ayuda de un fuelle para alcanzar la temperatura requerida, y no lo conocían. En lugar del fuelle, soplaban las brasas de carbón con tubos huecos o las ventilaban con abanicos, métodos inadecuados para lograr el calor necesario.

Las fundidoras de bronce son lugares maravillosos. Yo he trabajado en varias, tanto en Nueva York como en España y México. Siempre visualmente estimulante y apasionante, recorrer una fundidora es como dar un paseo por un mundo desarticulado, donde segmentos, componentes de esculturas en proceso, hechos de cera, yeso o bronce, se encuentran arrumbados por todos lados, formando una increíble y caótica congregación de partes desmembradas.

Se encuentra una abundancia de objetos fragmentados en espera de localizarse y unirse en una pieza para luego poder revelar su identidad, como un rompecabezas desarmado y todo revuelto, invitando a especular cuál pieza colinda con cuál otra. Una aglomeración de corvejones de caballos, cabezas de héroes, brazos y tobillos sin cuerpo, pedazos de soldados destinados a monumentos de guerra, alas de ángeles, bustos de dignatarios, senos de sirenas, cubos, cilindros, esferas, ninfas, accesorios navales y estatuas conmemorativas, todo aglomerado en un desorden desorientador. El revoltijo de estos objetos es visualmente extraordinario, ofreciendo una panoplia de estilos e imágenes imposible de concebir en cualquier otro contexto.

Cada fundidora de bronce tiene su propia personalidad, y en Nueva York fui probando varias de ellas hasta que terminé en dos, a cuyos dueños y artesanos tomé un gran cariño. Hice obras de formato más grande en la Modern Art Foundry, en el barrio de Astoria, situada entre la famosa fábrica de pianos Steinway y la cárcel de la Isla de Riker, y esculturas más chicas y complejas con otra fundidora en Brooklyn nombrada apropiadamente Excalibur. Aprendí las técnicas de fundir bronce por medio de tanteos y errores —muchos errores, y muchas piezas fallidas— y frecuentando los talleres pude sumergirme en el mundo del antiquísimo arte de fundir bronce. También aprendí mucho de un singular hombre llamado Milton Osborne. Era de las Antillas, mulato, erudito y autodidacta. Tenia su fundidora en el décimo piso de lo que había sido un edificio industrial (ahora transformado en apartamentos de lujo) en la calle Decimoséptima, cerca de Union Square. La fundidora estaba en un espacio inmenso, y él mismo hacía todo, desde la cera hasta patinar los bronces, pasando por los moldes y la soldadura. Llevaba la fundidora de manera unipersonal, y conocía todas las mañas y técnicas del oficio. De vez en cuando llamaba a unos compatriotas para ayudarle a preparar el horno y manejar el crisol. Tanto anglófobo como anglófilo, era muy leído, políticamente comprometido, y un estupendo conversador. En suma, un maestro de su *métier*, sabio y diestro. Pasé horas y horas hablando con él de arte, literatura, y política, pero siempre tratando de enfocar la conversación hacia los misterios y secretos del trabajo en metal, para poder beneficiarme de su experiencia.

Entre mis esculturas hay unas especialmente complicadas para fundir, tanto por sus espacios huecos como por las formas que parecen equilibradas, contrapuestas una sobre otra. Al preparar la cera original para fundirse, precisa de conectar unas partes a otras para asegurar que el metal derretido fluya correctamente después de que la cera se haya evaporado del molde en el horno. Antes de fundirse en bronce, cada escultura debe prepararse de una manera determinada, de acuerdo con las particularidades de su forma. Hay que comenzar anticipando las peores trabas y enredos que puedan ocurrir cuando se vacíe el bronce derretido, como las áreas de gases que puedan quedar atrapadas, que impedirían que el metal llenara el molde apropiadamente. Corregir cualquier avería o desperfecto después de que el bronce emerge del molde puede ser una pesadilla, de modo que hay que tomar todas las precauciones posibles. A veces, cuando percibo algo arriesgado, hago repuestos de cera, piezas duplicadas, para prevenir. Los conecto y los fundo junto con la cera original por si luego hacen falta, y así sirven para reemplazar alguna pieza mal lograda.

La arcilla es más inmediata, directa y espontánea para esculpir que la cera, y mucho más que la madera o la piedra. Es un material seductor y juguetón, tan físico y táctil que hace que la mano —sobre todo los dedos— piensen por sí mismos, guiando la obra más que la mente. La sensación del tacto que provoca es intensa, haciendo sentir y revelando atributos tales como áspero, liso, húmedo, seco, viscoso, caliente, o frío. Como leer puntos en relieve de Braille, las puntas de los dedos son los receptores que dirigen y animan la acción, convenciendo a la arcilla de hacer las formas y figuras que ellos quieren.

El primer dibujo jamás hecho probablemente fue un trazo de la mano humana sobre una roca o en la pared de una cueva. Los dibujos paleográficos son las primeras expresiones palpables del hombre tratando de comunicar su humanidad, y desde estos principios humildes ha trazado sus pensamientos y los sentimientos más íntimos a través de la historia. Desde el antiguo Egipto y China, donde sus ideogramas y pictogramas se convirtieron en escritura, hasta las líneas colosales de Nazca —geoglifos perfilados sobre el suelo del desierto peruano cuyas formas geométricas o representaciones de animales han sido un enigma desde que fueron descubiertos por los primeros aviadores—, el dibujo siempre ha sido un prerrogativa de nuestra especie. Plinio el Viejo atribuyó su origen a la doncella corinta Dibujades, que trazó en la pared la sombra de su amante cuando estaba a punto de marchar. Sabemos mejor. Es un instinto. Todos los niños del mundo dibujan por intuición. Todos dibujan de maravilla. Todos dibujan de la misma manera, no importa su cultura u origen. Todos pierden esta facultad y facilidad alrededor de su sexto o séptimo año, en el momento que tratan de imponerles un estilo en su dibujo y se vuelven concientes de ello. Uno de los instintos mas básicos del ser humano es el de rendir una cuenta visual, un registro de su presencia: una manifestación palpable de su ser.

El dibujo es, y fue, mi primer amor. Su sencillez permite plasmar pensamientos espontáneos, un atributo más difícil de ejecutar con medios más elaborados. Absurdamente, es considerado un arte secundario, cuando de hecho es la esencia de poder representar y visualizar ideas y sensaciones. Las líneas que uno dibuja se determinan por gestos intuitivos de la mano con el apoyo de instrumentos como una pluma, un lápiz, un pastel, un carboncillo o utensilios para grabar, haciendo que la línea siga su trayectoria en la dirección que escoge, llevándolo a pasear como si fuera un perro con correa que vaga por aquí y por allá oliendo, descubriendo, tanteando el aroma de una aventura, dejando su huellas aquí y allá, orinando en calculados y medidos chorros para señalar su presencia y que otros la rastreen, sigan su pista y reciban sus mensajes. En el dibujo, las líneas se revelan a sí mismas, pasean sobre superficies, vacilan, y deliberadamente trazan nuevos senderos para luego seguir su camino.

No podemos olvidar el asunto de la temática, que es también materia prima que engendra una obra de arte. Desde que el arte actual ha llegado a ser multidisciplinario, involucrando otros géneros, culturas y medios, los artistas han alistado temas derivados de diversas disciplinas, como la antropología, biología, astronomía, filosofía, lingüística, acción político, etcétera. El proceso mismo, la acción del tiempo o la manipulación deliberada de la materia u objetos, es también un gran tema en el arte contemporáneo, donde la trama es la evidencia de lo que ha sucedido a la obra mientras se desenvuelve. De esta manera, el tema puede ser la materia misma, sea arcilla, pintura, piedra, madera o una línea de lápiz. O puede ser un color. Una forma. Una observación. Una percepción. Un albur. Una figura. Una historia. Una obsesión o una fantasía. Sea lo que sea, el tema que motiva una obra de arte, lo pone en marcha y provoca a jugar con ella, se torna a la vez objeto y sujeto. Al final, jugar es la quintaesencia del arte.

Los artistas son prestidigitadores de imágenes y percepciones, empeñados en descubrir y revelar la topografía, tanto de la imaginación como de los sentidos, de la misma manera que los cartógrafos trazan sus mapas o los astrónomos, captando señales del más allá del universo conocido, descifran los misterios del espacio. Encuentran la meta en el viaje mismo, más que en el destino, y en comunicar la experiencia y expresión de ello para que otros, recibiendo e interactuando con la obra, cierren el círculo. Algunos hacen sus exploraciones aislados en su estudio, mientras que otros andan como nómadas, buscando afinidades culturales de acuerdo con su temperamento. Aunque nacidos en culturas distintas, los artistas proponen encontrar lo universal en lo específico, interpretando y articulando el mundo en que se encuentran. Como los pájaros, su destino natural es cantar su canción.

ENCONTRANDO LA ATLÁNTIDA

En 1990 me invitaron a exponer en España en el marco de las celebraciones del quinto centenario del "descubrimiento" de América —puntualmente retitulado "encuentro"—, que se efectuarían en 1992. Esto me condujo a desarrollar un tema, la conexión América/Atlántida, al que me había acercado alguna vez pero sin conseguir el enfoque deseado. Puesto que la segunda interpretación de América que llegó a la Corte española fue que de hecho habían encontrado la Atlántida perdida, me pareció la oportunidad perfecta para emprender una exploración visual de distintos aspectos de la leyenda y verla de nuevo en el contexto de las celebraciones, ligando los continentes viejos y nuevos.

La Atlántida es uno de los mitos más perdurables y populares que nos han llegado de la antigüedad. Es también uno de los grandes mitos del diluvio, común en tantas religiones del mundo. Del *Popol Vuh* a la Biblia, ambas fábulas surgen y resurgen como metáforas de caída y redención. La Atlántida es un mito clásico del diluvio, sí, pero con una diferencia importante: no hay un Noé. Ningún sobreviviente. Ningún testigo. Ningún informe de primera

Mexcaltitlan

Atlantis

Tenochtitlan

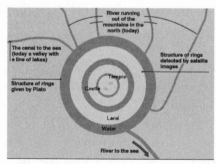

Reconstrucción de la ciudad de Atlántida según la descripción de Platón

mano. La Atlántida la inventó Platón y figura en dos de sus diálogos, *Timeo* y *Critias*.

Platón dice que oyó hablar de la Atlántida por su bisabuelo, que oyó hablar de ella gracias a un pariente suyo, Solón, que oyó hablar de ella a través de los sacerdotes en sus recorridos por Egipto. Pero ¿por qué esta historia en particular se volvió uno de los grandes mitos de todos los tiempos? ¿Por qué los griegos la cultivaron, por qué les resultaba tan atractiva? ¿Y por qué Platón se mostraba tan interesado en ella? Quizá la utilizó para demostrar que una sociedad como la propuesta en *La República* no sólo era plausible, sino que tal vez había existido antiguamente en la Atlántida. Esto, por supuesto, le daría un origen creíble.

En sus contemporáneos ejercía una atracción distinta. En ese entonces estaba de moda que los griegos ricos viajaran a Egipto, donde se maravillaban con el esplendor y la antigüedad de los monumentos. Habitando un país mucho más pobre que Grecia, los egipcios insistían en recordar que Egipto tenía una historia que venía desde su creación, mientras que no había ninguna señal de culturas griegas antiguas. Y no sólo eso: el arte y la cultura de Grecia derivaban directamente de las glorias de Egipto. Esto seguramente no caía nada bien a los griegos. Hay que imaginar, pues, el encanto de la Atlántida de Platón, que daba fe de una cultura griega enorme y autoengendrada que había prosperado unos mil años antes que Egipto, mostrando claramente que Grecia no debía nada a los egipcios. Ahora sabemos que esto es algo típico de la política cultural: una nación que inventa y reinventa sus orígenes, su ascendencia, y las jerarquías que van con ella. Este proceso ha sido, y sigue siendo, una práctica común.

Tomemos como ejemplo un acontecimiento ocurrido en México hace unos años. La pequeña isla de Mexcaltitlán, en una laguna en la costa de Nayarit, en el noroeste del país, fue objeto de una visita presidencial. Un asunto de Estado. El único rasgo notable de la isla es su curiosa configuración: calles concéntricas cruzadas por cuatro avenidas perpendiculares. Los aficionados locales habían comparado esta configuración con los primeros mapas de la gran ciudad azteca de Tenochtitlan, encontrando semejanzas y correspondencias extrañas entre las dos; esto los condujo a la idea de que la pequeña isla debía haber sido Aztlán, el hogar mítico de los aztecas. El asunto ganó tal credibilidad que en 1989 el presidente de México visitó la isla y la nombró monumento nacional, declarándola por decreto oficial Aztlán, origen de México y la *mexicanidad*. De hecho con este acto se inventó una nación: México prehispánico, que nunca existió. Una pequeña variante de la doctrina "Destino Manifiesto", que legitimó así la ascendencia del México moderno aun cuando su territorio actual estaba compuesto por varias naciones, culturas y lenguas. Vemos que el síndrome de la Atlántida aparece otra vez. Países, naciones e imperios suelen inventar y reinventar sus orígenes, su memoria nacional y su identidad para satisfacer sus necesidades.

Por supuesto que Mexcaltitlán no se escapó a ser designado como la sede de la Atlántida; cada tantos años se propone una nueva localización, y esto llega a ser la noticia del día. Santorini, las Azores, las Bermudas y el estrecho de Gibraltar han sido otras propuestas. América ha sido una gran candidata, y desde 1492 se volvió objeto de una intensa especulación. Sabemos que las primeras crónicas enviadas a Europa por los sacerdotes españoles que

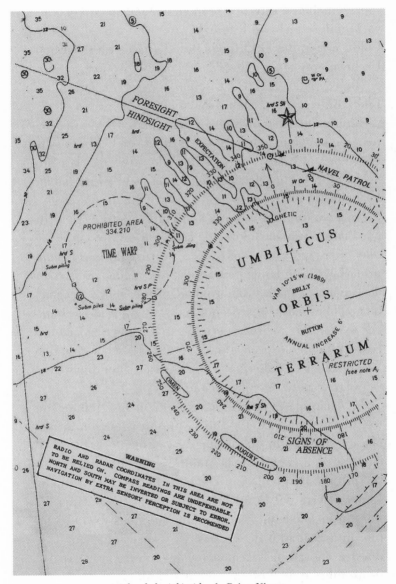

Atlas de la Atlántida, de Brian Nissen

representaban e interpretaban su encuentro con el Nuevo Mundo concluían que habían encontrado el paraíso. Colón creyó que el Orinoco era el cuarto río del Edén. Un lugar con fauna y flora desconocida y exótica, sumido en una primavera eterna, tenía que ser el Jardín del Edén. Entre varias pruebas dadas estaba la curiosa observación de que se habían encontrado pájaros extraños (loros) que imitaban el hablar de los hombres. Era bien sabido que en el Edén, antes del pecado original —la caída del hombre—, los animales tenían la facultad de hablar. La siguiente interpretación del Nuevo Mundo que llegó a Europa era que América era la Atlántida perdida descrita por Platón. Fray Bartolomé de las Casas escribió un capítulo entero que corroboraba esto, y otros informes lo confirmaron. Colón había atracado en una ciudad en la costa de Panamá llamada Atlán, que significa "sobre el agua": una palabra más cercana en sonido y significado a *Atlántida* y *Atlántico* que *Atlas*, el supuesto origen griego. La tercera y última interpretación de América vino vía Américo Vespucio, que señaló que de hecho era un continente cuya existencia era desconocida en Europa.

La Atlántida es entonces, como todos los grandes mitos, una metáfora. Cada uno de nosotros encontrará en ella un significado que despierte y alimente la imaginación. En alguna parte de la Atlántida está enterrado nuestro propio Jardín de las Delicias, El Dorado, Xanadú, Limbo, Tierra del Loto, Arcadia, Shangri-La o Jauja. Es nuestra ensoñación, nuestra quimera, nuestro fuego fatuo, nuestro canto de sirenas. Un espejismo mental de nuestra añoranza. Una imagen que revela la capacidad de asombro que perdimos al dejar la niñez.

LÍMULUS:
EL FÓSIL VIVIENTE

Hace tiempo estaba en una fiesta celebrando el cumpleaños de un amigo, sentado en una mesa con gente desconocida. Charlando entre copa y comida, mencioné de paso que era escultor y pintor y que había estado trabajando por algún tiempo con el tema del límulus, también conocido como cangrejo herradura. Por casualidad resultó que entre los que me rodeaban había un ecologista, un biólogo y un científico, todos ellos conocedores del animal, de modo que pasamos la fiesta en un animado y estimulante encuentro de campeones de límulus.

Hasta entonces había creído ser un entusiasta solitario del límulus, que sorprendía a sus amigos con la obsesión de esta extraña criatura. Llevaba ya bastante tiempo trabajando en sus formas, pues en ellas había encontrado una inspiración para mi trabajo. La mayoría de la gente que conocía nunca había oído hablar de esa criatura —salvo algunos que conocían las playas de Nueva Inglaterra—, y me sentía como un heraldo solitario que empuñaba el estandarte del límulus, proclamando sus increíbles atributos. Así, este encuentro con los aficionados al cangrejo herradura fue para mí un gran placer.

Acto seguido, mis nuevos amigos organizaron un encuentro con otros biólogos para llevarnos a presenciar el ritual de acoplamiento anual del límulus, en el parque nacional de Gateway, en Long Island. Una vez al año un sinnúmero de cangrejos herradura invaden las playas de la costa Este de Norteamérica: aparecen justo en la noche de la última luna llena de mayo que produce la marea alta de la primavera y consuman su luna de miel a la orilla del mar.

Mi primer encuentro con los cangrejos herradura fue en la laguna de Menemsha, en la isla de Martha's Vineyard, cerca de Cape Cod. El aspecto del animal me fascinó. Temible, fantástico, formidable, una maravilla de la mecánica natural. Algo que parecía salir de los bestiarios medievales: un rival del Basilisco, del Fénix, de la Quimera, la Manticora y la Salamandra. Artistas y poetas han imaginado y evocado animales de fábula, desde los antiguos hasta Lewis Carroll, Joan Miró y Jorge Luis Borges. Pero esta vez la criatura fabulosa era real y verdadera.

A mí me pareció una especie de tanque primitivo o un casco guerrero japonés; algo venido de la ciencia ficción: primitivo y futurista a la vez. Su forma y su estructura se fueron adueñando de mí. La forma sencilla de su casco exterior, que guarda la compleja mecánica de su interior, comenzó a aparecer en mis obras, primero en escultura y luego en *collages* y bajorrelieves.

No cabe duda que el cangrejo herradura, aunque es totalmente inofensivo, tiene un aspecto temible. La gente no se atreve a tocarlo, y le da miedo el punzón impresionante de su cola, que sólo le sirve como palanca para enderezarse cuando la marea lo voltea. Pero yo encontré un raro esplendor en este animal; su forma fantástica parecía antigua, pero a la vez extrañamente moderna. Visto de frente parece una especie de avión militar último modelo. Por abajo es algo parecido a un alacrán ancestral. Un verdadero superviviente. Un diseño asombroso de la naturaleza. Recogí sus caparazones desechados, que se convirtieron en una presencia en mi estudio; me intimidaban a veces, otras me animaban. Me miraban siempre. Hay algo de *La bella y la bestia,* o más bien de la belleza de la bestia, en la manera en que reaccionamos ante el límulus.

Lo que me llevó a hacer las esculturas fue la gran presencia visual de este animal, con sus formas contrastantes que envuelven el mismo espacio. Un acuerdo entre interior y exterior. El desafío era hacer que estos espacios entablaran un juego entre ellos.

Una imagen sorprendente de la interacción de los espacios del interior y exterior que ha permanecido fija en mi mente viene de lo que cuenta W. G. Sebald sobre unas extrañas torres que encontró en sus recorridos por East Anglia. Eran restos de un pueblo construido sobre un acantilado peligrosamente erosionado que había desaparecido, lentamente caído en el mar. Solo habían quedado en pie unas torres de piedra que parecían chimeneas industriales aisladas en las dunas. Pero resulta que, lejos de ser chimeneas, eran pozos. Antes bajo tierra, ahora se encontraban despejados. Los edificios encima de ellos se habían desplomado, y hasta la tierra y los escombros que les rodeaban desaparecieron. Con el tiempo estos pozos quedaron expuestos en las dunas como estructuras en pie. Antes sólo había sido visible el hueco de su interior, la superficie de piedra delineando un espacio como un túnel. El tiempo y la intemperie habían invertido completamente su aspecto y ahora sólo se percibía su forma externa.

Tengo una debilidad por este tipo de espacios en el arte. Nacieron con la escultura seminal de Picasso: su guitarra de hojalata recortada de 1912, que para mí es como la teoría de la relatividad de la escultura; la inversión del exterior y el interior, que usurpan mutuamente su lugar natural. Un cilindro que emerge de la superficie de la guitarra representa lo que debe ser el hoyo hacia el interior, un concepto del espacio escultórico nunca visto hasta entonces.

Uno de los aspectos maravillosos del cangrejo herradura es que nos llega intacto desde las profundidades del tiempo. Nuestro fósil viviente ha estado con nosotros durante centenares de millones de años. Fue un habitante de Pangea, un testigo de la escisión del supercontinente original. Es tan viejo que desafía a nuestra idea del tiempo. Aunque ha sobrevivido más de doscientos millones de años sin cambiar su forma, hay variantes que han existido desde hace unos trescientos cincuenta millones de años (unos millones más, unos millones menos, no podemos ser siempre tan exactos).

Sin embargo, se cuenta que un guardia de los salones egipcios del Museo Británico, interpelado por una visitante acerca de la edad de una momia expuesta, respondió:

—Tiene cinco mil y tres años, ocho meses y cuatro días.

—¿Exactamente?

—Sí, exactamente.

—Ay, por Dios, ¿cómo puede usted saberlo con tal precisión?

—Señora, llevo trabajando aquí tres años, ocho meses y cuatro días, y cuando comencé ella tenía cinco mil años.

Sea como fuere, cientos de millones de años son mucho tiempo para que el límulus ande por ahí sin cambiar de forma, así que pensé que ya era hora que alguien hiciera algo al respecto.

Al trabajar en los bronces para esta serie, tuve muy presentes los paralelos de tiempo y de longevidad. Hice los originales en cera, consciente de que interpretaba a este animal antiguo usando una tecnología antigua. El vaciado en bronce es probablemente el más viejo de los logros tecnológicos del hombre, que se sigue usando hasta la fecha prácticamente sin cambios. La técnica de la cera perdida que se usa hoy para fabricar las hélices de titanio de los motores de chorro, es el mismo proceso que se usaba para fundir el bronce hace cuatro mil años en China y el Medio Oriente. Quizá ahora con más precisión y mejor control de la temperatura, pero de todas maneras el mismo.

Artistas y escritores, desde Leonardo, Kircher y Durero hasta Buffon y Audubon, han enriquecido todas las ciencias naturales. Uno de los libros que para mí han sido como una piedra de toque es *Sobre el crecimiento y la forma*, de D'Arcy Thompson. Dos cosas hacen que este biólogo y erudito clásico escocés merezca ser recordado. Una es la absoluta brillantez de ese libro, que merece ciertamente un honroso lugar en la historia de la biología. La otra es que, como ha dicho Peter Medawar, *Sobre el crecimiento y la forma* es "sin duda alguna la mejor obra literaria en los anales de la ciencia que ha registrado la lengua inglesa".

D'Arcy se movía con soltura en varias disciplinas, incluyendo la literatura clásica, las humanidades, las matemáticas y la zoología. Demostró cómo los mecanismos de estructuras vivas se relacionan con los principios de la ingeniería estructural. Él creyó que en su diseño siempre había un propósito que obedecía a las fuerzas de torsión, tensión y compresión, las cuales determinaban su crecimiento, su función y su forma, y que todos estos estaban supeditados a la magnitud.

Varios componentes del arte —color, línea, estructura, textura, composición, volumen y relaciones espaciales— son idiomas por sí mismos, con sus propias posibilidades. D'Arcy Thompson nos dio cuenta de otro: la magnitud. La magnitud (escala) es un factor tan importante como los demás elementos. Las pinturas de Rothko deben ser de cierto tamaño para que sus colores saturen nuestros ojos de una manera especial. Los ritmos de las pinceladas y los brochazos de Van Gogh no funcionarían a una escala más grande: tienen que ver con el movimiento de su mano, en tanto que las monumentales elipses de acero de Richard Serra o los hilos tendidos que delinean el espacio de Fred Sandback dependen para su efecto de la relación con el cuerpo humano en movimiento. Los murales y las miniaturas son extremos de escala que funcionan en un ámbito ya dado. La música de cámara y la música sinfónica están condicionadas y definidas por su escala, al igual que poemas, ensayos y novelas. La disminución o la amplificación convierten al objeto no en una versión más grande o más pequeña de sí mismo, sino en otra entidad. Un tritón o una lagartija se convierte en Godzilla. Cuando observamos las imágenes de la diminuta vida microscópica revelada por potentes electrones, su escala nos escapa y sólo podemos percibirlas como monstruos enormes.

Así, la obra maestra de D'Arcy *Sobre el crecimiento y la forma* es una meditación profunda sobre las formas de los organismos vivientes. Nos advierte que no podemos apreciar las formas acabadas, definitivas, sin tomar en cuenta igualmente a todas las fuerzas que las moldearon. Proceso y secuencia. Dada la combinación de su potencia intelectual y su gran talento literario, no nos sorprende que sus libros hayan tenido una influencia enorme más allá de la biología, sobre todo en el diseño, la arquitectura y las artes.

Le Corbusier, el gran arquitecto francés, logró una obra en la que emplea en forma inspirada la forma del caparazón del cangrejo herradura, el diseño para su celebrada capilla en *Ronchamp*. Según A. Koll:

Los volúmenes del edificio que aparecen en los primeros bosquejos muestran una gran masa abultada para el techo de la capilla. Al describir el nacimiento del proyecto, Le Corbusier dijo que para el techo se inspiró en el límulus. Encontró un caparazón del cangrejo herradura como un objeto *à réaction poétique*, en una playa de Long Island durante un viaje a Nueva York en 1947, y se quedó asombrado de lo fuerte que era cuando puso todo su peso en él. El caparazón del cangrejo herradura no sólo sugiere la forma, sino también la estructura del techo.

Hoy día el arte se ocupa en gran parte en cuestionar cómo vemos las cosas, con obras cuyas estrategias desafían nuestra manera de ver y nuestra percepción. ¿Podemos entonces concebir la manera en la que ve su mundo el cangrejo herradura? Es algo que solamente podemos imaginar a través del calidoscopio del ojo de nuestra mente. El cangrejo herradura no sólo tiene un par de ojos compuestos, facetados, sino también otros ojos sensibles a la luz ultravioleta, más algunos otros. Éstos pueden ver cosas que nosotros no podemos, así como los perros y las ballenas pueden oír sonidos más allá de nuestro alcance. Nos enorgullecemos de nuestra capacidad para ver cosas desde diversos puntos de vista, pero debemos sentirnos humildes ante las capacidades del límulus y sus posibilidades de visión múltiple.

Entre otros atributos curiosos del límulus están las moléculas que contienen cobre, que llevan el oxígeno de su circulación sanguínea en vez del hierro que tenemos en nuestros cuerpos. Así, el cangrejo herradura tiene sangre azul, sangre azul verdadera —no como pretende cierta gente que podríamos mencionar.

Los cangrejos herradura desempeñan un papel importante en la medicina, y nos han dejado dos legados importantes. Un extracto de las células de su sangre se emplea en hospitales de todo el mundo para detectar la mínima presencia de endotoxinas (los potentes venenos químicos que sueltan algunas bacterias). Los científicos también han aprendido mucho sobre cómo funciona el ojo del ser humano por sus estudios de los ojos del cangrejo herradura, sobre todo lo relacionado con su capacidad de visión lateral.

En una de sus expediciones al Nuevo Mundo, Sir Walter Raleigh encontró unas criaturas extrañas en la costa de Carolina del Norte y las llamó "cangrejos herradura". Los indios de allá los llamaban *si-ekanauk* y utilizaban sus colas como puntas de arpón. La asociación obvia para el nombre viene de la forma frontal en el interior de su caparazón que tiene exactamente la forma de una herradura de caballo. Ahora sabemos que no tiene nada que ver con el cangrejo, sino que es un artrópodo, un insecto. Un proto-insecto. Pero los siguen llamando cangrejos. Al igual que los indios americanos, llamados *indios* porque Colón creyó haber arribado a la India, ambos quedaron bautizados para siempre con nombres incorrectos.

Linneo dio el nombre latino *Limulus polyphemus* a nuestro cangrejo herradura. Para mí sigue siendo un misterio el porqué de *Polyphemus*. Con la abundancia de ojos que tiene el límulus, parece extraño ponerle el nombre del formidable Cíclope que tuvo un solo ojo. Lo mejor que se me ocurre es que fue el aspecto temible del límulus lo que condujo a esta designación. El límulus ha cautivado a científicos y artistas. Para mí ha sido un placer que el cangrejo herradura me haya llevado a conocer a mis amigos biólogos. Compartimos un entusiasmo que nos ha enriquecido a todos. El lazo entre el arte y la ciencia es necesariamente difícil de definir. La intuición y la imaginación juegan un papel en ambos, y entre ellos hay paralelos y correspondencias. Ambos son inventivos, pero la ciencia es *objetiva* mientras el arte es *subjetivo*. Y aunque pueden aprender mucho uno del otro, la ciencia es analítica, racional y persigue un objetivo práctico, cuya veracidad está condicionada a la comprobación empírica, mientras que el arte es expresivo, ambiguo e impráctico. No sólo difieren en sus metas y métodos, sino que ellos mismos están divididos en facciones que entran en conflicto, cada una tratando de comunicar su propia verdad. El principio de incertidumbre —y no me refiero a los semáforos de México, sino a la teoría de Werner Heisenberg que muestra la imposibilidad de ubicar o medir movimientos de partículas subatómicas, curiosamente coincide con el uso por los surrealistas del azar y el accidente como métodos en la creación plástica y poética. La ciencia emprende un viaje empírico para encontrar la verdad de sus investigaciones. ¿Pretende el arte encontrar una verdad de la mente y los sentidos?

No está de más recordar la queja de la filósofa de la ciencia Marjorie Green:

> ¿Por qué el mundo sigue siendo cartesiano, confiando en la idea de Descartes que separa al cerebro mecánico de la mente incorpórea? La única verdad que dijo era que había nacido en 1596 —y hasta eso pudo haber sido falso.

Cuando era joven, en Londres, tenía un programa de radio favorito en la BBC, llamado *Encuentro de cerebros*. En una ocasión, Bertrand Russell contestaba espontáneamente a las preguntas del público. Cuando le preguntaron qué era la verdad, respondió: "La verdad... La verdad... es lo que la policía exige que uno les diga".

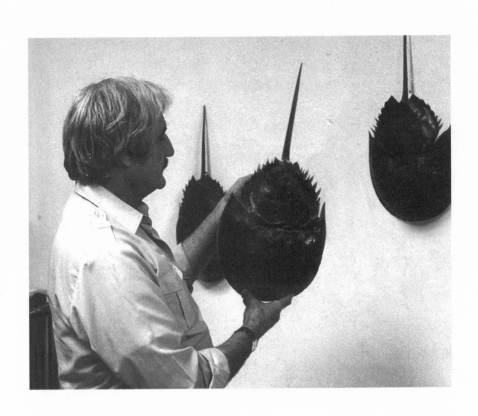

EL MAR ROJO,
MURAL ESCULTÓRICO

Encontramos la belleza no en la cosa misma
sino en la configuración de sombras, la luz y oscuridad
que una cosa crea contra otra.
JUN'ICHIRO TANIZAKI, *ELOGIO DE LAS SOMBRAS*

Cuando visité por primera vez el Centro Maguen David, estaba ya casi terminado. Se trataba de un gran instituto religioso y comunitario nuevo en la ciudad de México. Encontré emocionante la arquitectura espléndida de Elias Fasja y Salomón Gorshstein, tanto en su concepto como en su sencillez. Al ver la parte que había sido escogida para un mural como pieza central del gran vestíbulo, me deslumbró el efecto de la claraboya oculta que corría a lo largo de la pared, bañándola de luz. Esta luz orientó mi pensamiento en cuanto a cómo abordar el desafío de articular un área de cuarenta y dos metros de largo por cinco de alto. Una vez decidido que el concepto del mural debía basarse en un juego de luz y sombra en relieve y, como consecuencia, ser todo en blanco, empecé a hacer una serie de maquetas. En las primeras aparecían ritmos de formas que se lanzaban de izquierda a derecha. Pero a medida que desarrollaba el flujo de estas formas, me di cuenta de que este tremendo torrente surgía de la descripción bíblica de la apertura del Mar Rojo y el éxodo de los perseguidos hacia la salvación. Así que el ritmo de las formas tendría que abrirse hacia fuera en una oleada enorme, desde un símbolo central en forma de U que representara la travesía. La elaboración del mural presentaba ahora una tarea formidable. Para llevar la maqueta a su forma final habría que fabricar a mano individualmente unas doscientas cincuenta piezas. Montarlas sería como armar un rompecabezas gigante. Dado que la obra se expandía desde su centro, el desplazamiento de cualquier elemento crearía una distorsión que tendría un efecto creciente. Finalmente el mural tomó vida como un juego de luces y sombras, y para mí la sorpresa más grata ha sido ver cómo cambia su forma y su ánimo a lo largo del día, cuando varía la luz que cae sobre él, animando las formas y transformando su movimiento. Una progresión que nos recuerda que los artistas somos como cajas de resonancia que se mecen en la marejada del océano del eterno empeño artístico.

Mural escultórico *El Mar Rojo*

Danza Itzpapálotl

MARIPOSA DE OBSIDIANA.
CRÓNICA DE UNA EXPOSICIÓN

Nissen es un inventor de formas sólidas
que de pronto, arrebatadas por un soplo entusiasta,
se echan a volar: súbito polen multicolor.
OCTAVIO PAZ

Si en algo se diferencian las Américas de otras grandes civilizaciones del mundo es que aparecieron y se desarrollaron en total aislamiento. Sus pueblos nunca tuvieron contacto con otras culturas, ni siquiera supieron de su existencia: crecieron como una especie de archipiélago de las Galápagos cultural. Pese a ello, los calendarios y cálculos astronómicos mexicanos fueron más precisos y avanzados que los europeos de la misma época. Dado el aislamiento en que se concibió esta cultura, es interesante ver cómo aparecen convergencias y paralelos con las del resto del mundo. El *Popol Vuh*, el libro sagrado de los mayas, relata la creación del hombre de tal manera que anticipa la teoría de Darwin. Los dioses lograron hacer al hombre después de múltiples intentos fallidos; los animales fueron perfeccionándose poco a poco hasta llegar al mono para luego dar el salto final al ser humano: una historia más poética y coherente que la relatada en el Génesis, y sin pecados ni moralejas.

Siempre me han fascinado estos temas. Un día, hablando con Octavio Paz, mencioné mi gran interés en los códices prehispánicos, sobre todo en la relación simbiótica que manejan entre dibujo y escritura, y le comenté que había realizado algunas versiones modernas de ellos: unas basadas en el formato clásico de biombo, otras como rollos dibujados y metidos en televisores de juguete. Aunque sabía del uso simbólico del color, en estos códices descubrí lo que parecía ser un verdadero lenguaje cromático, algo que no había advertido antes. Lo que vi en los códices mixtecas —sobre todo el Borgia, el Vindobonensis y el Fejervary Mayer— semejaba una gramática del color en la que los dibujos se repiten exactamente una y otra vez, cambiando sólo los detalles cromáticos. Color que se vuelve texto: una maravilla. En estos códices no hay elementos decorativos: el dibujo es texto. De la pintura rupestre a las tiras cómicas actuales hay una larga trayectoria de dibujo narrativo, y entre sus manifestaciones más notables se encuentran los códices prehispánicos.

Le pregunté a Octavio si le gustaría colaborar en la elaboración de un códice, y sugirió que su poema "Mariposa de obsidiana" podía ser un vehículo ideal; tanto así, que en una línea la diosa mariposa dice: "De mi cuerpo brotan imágenes". Qué mejor que hacer visibles, palpables, tales imágenes. Ese espléndido poema en prosa es un lamento de Itzpapálotl, la mariposa de obsidiana, diosa de la guerra y a la vez diosa del parto. En el panteón mexicano los dioses tienen múltiples manifestaciones —un verdadero palimpsesto de atributos—, e Itzpapálotl se representa como una mariposa con garras de jaguar: curiosa encarnación de vida y violencia. Una imagen fantástica. En el poema ella canta su derrota, cuando su reino se ve eclipsado por la llegada de una nueva religión, la cristiana. Huellas de la presencia de esta diosa persisten hoy día, y en el norte de México todavía hay mujeres que sin saber nada del origen de esta costumbre colocan un pedazo de obsidiana debajo de su lengua cuando van a dar a luz para asegurar que no van a parir un monstruo. Hay dos mitos asociados con la obsidiana: por un lado, la usaban bien pulida como espejo y creían que era el alma cristalizada en roca que caía del cielo; por otro, la obsidiana labrada servía para puntas de flechas, hachas y cuchillos empleados en ritos sacrificiales. Alma/espejo. Sacrificio/trascendencia.

Esta diosa mariposa tiene su origen en una especie nocturna llamada *Rothschildia orizaba*, de la familia *Saturniidae*, y se transforma en Itzpapálotl (de *itztili*, obsidiana, y *papálotl*, mariposa). Se le llama también "mariposa cuatro espejos" por las áreas transparentes como ventanas que tiene en las alas, y que por ser triangulares evocan puntas de flecha.

En mis bocetos, el códice Itzpapálotl empezó a tomar forma como complemento visual del poema de Paz; fui yuxtaponiendo signos e imágenes, incorporando símbolos antiguos y contemporáneos. Quedó dividido en seis partes, cada una referida a un códice prehispánico particular. La última parte alude al códice Mendocino, que es un inventario de tributos cuya composición me parecía similar al diseño y la distribución de las imágenes en los viejos catálogos de Sears. En la imagen final del códice la mariposa aparece compuesta de tuercas.

Octavio hizo una grabación especial en la que leía su poema. Su voz era bastante aguda, así que cuando estábamos a punto de grabar el disco le dije al ingeniero de sonido que metiera un poco de eco y bajara el tono de la voz. Octavio quedó muy contento con el resultado; nunca le dije lo que había pactado con el ingeniero. El disco se editó para acompañar el códice.

Tras haber desarrollado varios iconos e imágenes en el códice, yo sentía que algunos debían ser explorados en otros medios, así que comencé a hacer distintas versiones, primero en escultura y luego en pintura, *collage* y relieve. Eso me obligó a ponderar la relación entre el arte del pasado y el del presente, uno de los grandes temas del arte contemporáneo. ¿Qué era el arte antes y qué es ahora? ¿En qué se convertirá? ¿Existe realmente el progreso en el arte? Desde luego que los idiomas visuales van y vienen, y hay que tomar en cuenta que el concepto de arte como lo entendemos hoy día es relativamente reciente en nuestra historia como hacedores de imágenes. Podemos hablar de progreso en la historia de las ideas, pero el arte, las emociones y nuestra capacidad de asombro no progresan en el mismo sentido. El arte es propenso a transformaciones y mutaciones: interpreta, sublimando y expresando el mundo que lo rodea. Percibimos el pasado a través del lente teñido de la traducción, no muy nítido y a menudo desenfocado. El contexto original se nos escapa y aunque su luz nos envuelve, difícilmente distinguimos bien las cosas que ilumina.

"El pasado es un país extranjero", decía L.P. Hartley: un sentimiento muy moderno. En el mundo ancestral no había tales distinciones. El pasado era algo actual, vivido, siempre contemporáneo. Sería mejor citar a William

Faulkner: "El pasado nunca se muere, ni siquiera es pasado". La obra que hice en torno de la mariposa de obsidiana es una evocación de un pasado destilado a través de la visión contemporánea, una búsqueda de la manera insólita en que uno se filtra en la otra. En baterías de coche encontraba imágenes parecidas a Tláloc, el dios de la lluvia, y en circuitos electrónicos veía formas de insectos. Correspondencias y paralelos.

Mientras dormitaba temprano una mañana, me encontré pensando en las imágenes de Itzpapálotl talladas en las columnas del templo de las mariposas en Teotihuacan: cada mariposa tiene dos círculos de obsidiana encajados en las alas. Comenzaba a trabajar en grandes piezas con forma de mariposa y se me ocurrió que los círculos de obsidiana podrían renacer como objetos contemporáneos: los círculos de acetato negro de los LP de antaño. Esa misma mañana fui a la tienda de discos usados más cercana y pedí unos ochenta o cien acetatos. El dependiente insistió en preguntarme qué clase de música deseaba; decía que debía saberlo porque no se compraban discos así, de manera tan arbitraria. Le dije que el tipo de música me daba igual, pero que sí quería que las etiquetas fueran de colores brillantes. Tal respuesta le molestó bastante: pensó que le estaba tomando el pelo, así que me sentí obligado a darle una explicación amplia para tranquilizarlo. Después, tal como había pensado, incorporé los discos en las obras de las mariposas. Hice una grande que ocupaba el muro central de la primera sala de la exposición. Pegué pedazos de discos rotos a su alrededor e hice que salieran discos enteros de los muros laterales, como ecos de las piedras circulares usadas en el juego de pelota de los pueblos antiguos. Me encantó la idea de que los discos, ya cortados en trozos, aún guardaran mensajes y sonidos irrecuperables. Sonidos secretos. Oráculos mudos.

Las obras hechas en torno de este tema fueron expuestas en el Museo Tamayo de la ciudad de México en 1983. Decidí montar un espectáculo de danza para que el público escuchara a Octavio recitando su poema, y le pedí al gran compositor e intérprete catalán Carles Santos que elaborara una pieza especial para acompañarlo. El resultado fue *El canto de Itzpapálotl*, una composición minimalista con voces superpuestas a cargo de Betsy Pecanins. Yo quería que la danza jugara un papel importante y que se ejecutara a intervalos regulares durante la exposición; la coreografía se concibió para cuatro bailarines y un contorsionista. Encontrar a este último fue de lo más complicado. Buscamos en circos y carpas, pero los dos contorsionistas que se presentaron en el museo se espantaron, creyendo que en un lugar tan insólito tenía que haber algo extraño, y se marcharon sin siquiera escuchar de qué se trataba. Finalmente en la Universidad localizamos a un joven maestro de yoga que se doblaba como si fuera de goma, y que entró en el proyecto con mucho entusiasmo. Con las bailarinas vestidas con sencillas mallas negras desarrollamos secuencias de poses que se disolvían en otras poses, de tal suerte que entre las cuatro creaban formas simétricas de insectos. Arriba, sobre una columna iluminada y frente a la gran mariposa, el contorsionista hacía nudos con su cuerpo, envolviéndose y desenvolviéndose como si se moviera en cámara lenta.

La exposición fue una interpretación visual y una manifestación física del poema de Paz "De mi cuerpo brotan imágenes." Allí estaban. Un encuentro de texto y contexto, fuera del tiempo y reinventado en el presente. La primera vez que visitó la exposición, Octavio expresó su encanto y su sorpresa ante el hecho de que alrededor de su poema se hubiera diseñado una muestra que, pese a estar compuesta por tantas piezas y a abarcar medios tan distintos —según dijo—, lograba ser una totalidad orgánica, un conjunto que se integraba como si fuera una sola obra.

FACETAS DE FONSECA

PIEDRA DE TOQUE

Hace algunos años estaba en Punta Gorda, en una aldea costera en el sur de lo que entonces era la Honduras Británica y que ahora es el país de Belice. Había entablado amistad con un barquero que pescaba camarón a lo largo de los arrecifes cercanos a la costa. Me habló de un sitio sagrado abandonado por los mayas que había encontrado en uno de los cayos, así que unos días después salimos en su canoa a visitarlo. El islote era minúsculo, quizá de unos sesenta por ochenta metros. Al saltar de la canoa vi pedazos de artefactos rotos, cascos, idolitos, puntas de cuchillos y flechas de obsidiana, y pedazos de ollas y platos de cerámica regados por la playa. Había cuatro o cinco montículos que parecían haber sido tumbas, y a través del denso follaje pude percibir un pequeño templo. La sensación que tuve al caminar alrededor de esta isla fue muy distinta a mi experiencia en muchos otros sitios precolombinos que conocía bien, y que hoy día en su mayoría parecen parques de diversiones arqueológicos. Como Chitchen-Itzá en Yucatán, parecen puestos sobre campos del golf. Este islote, en cambio, estaba olvidado, inexplorado, y parecía que desde que lo deshabitaron nadie lo había pisado. La única evidencia de las presencias anteriores eran sus huellas. Habían estado allí alguna vez y ya no estaban más. La sensación de lo ocurrido allí era intensa. Aunque abandonado desde hacía tanto tiempo, sus presencias eran palpables y, como un aroma, llenaban el aire.

La misma sensación que tuve al pisar aquella isla me volvió años después, la primera vez que visité a Gonzalo en Seravezza, donde tenía su casa de verano y su estudio. Mi esposa Montse y yo nos quedamos con él allí en varias ocasiones, y allí es donde más disfruté su obra. Los terrenos alrededor de la casa estaban invadidos por las malas hierbas, al igual que el camino que conducía a la cantera donde se encontraban sus obras, grandes e imponentes, erguidas como centinelas olvidados. A fines de los años ochenta estaba bastante descuidado, y muchas de sus esculturas de mármol y piedra parecían haberse fundido con el paisaje. Sentí que estas esculturas habían encontrado su hábitat natural. Una fina película de musgo había dejado su pátina en las superficies, y el rocío de la mañana formaba pequeños estanques de agua en los huecos semiesféricos tallados en ellas. Las visitaban insectos que ocupados con sus faenas subían las pequeñas escaleras talladas, escondiéndose en los nichos y los escondrijos que albergaban conos, cubos, esferas y otros objetos esculpidos en la piedra. Plantas obstinadas se empujaban hacia dentro de las hendiduras. Me pareció que éste era el contexto natural para gozar la escultura de Gonzalo, un ambiente de lo más apropiado para apreciar su obra. Como soy escultor, mi opinión es desde luego personal, y quizá para otros ésta no sea la condición más propicia pa-

Brian Nissen con Gonzalo Fonseca

Gonzalo Fonseca y Montserrat Pecanins

ra observar su obra. Pero ver las esculturas así como estaban daba una sensación muy singular de su gran potencia, distinta a la de contemplarlas en los ámbitos prístinos de museos y galerías. El tiempo las reclamaba. Siempre me pareció que su obra, aunque plenamente moderna, pertenece a todas las épocas: hay algo profundamente atemporal en ella. Es receptáculo de los sentidos. Un *continuum* contemporáneo.

FACETAS

Las múltiples facetas de su obra reflejan correspondencias y asociaciones que constantemente veo a mi alrededor. La obra de Gonzalo es especialmente difícil de encasillar: aunque basada en una sensibilidad constructivista, está entresacada de lo que podrían parecer elementos contradictorios. Escultura a la vez abstracta y metafísica: suelta y formal: juguetona y severa: histórica y atemporal.

***

Una miríada de referencias encuentran eco en sus obras, algunas evidentes, otras enigmáticas. Pienso que hay resonancias de la arquitectura y el diseño urbano azteca en su obra. La geometría concisa de sus ciudades les da una calidad única y peculiar que las distingue de las ciudades y edificios conocidos de otras culturas antiguas, que sentimos viejas, antiguas y remotas. Reliquias del pasado. En cambio mucha de la gran arquitectura mesoamericana, dada nuestra sensibilidad contemporánea, nos parece

moderna o aun futurista. Cuántas imágenes de Tenochtitlan y Teotihuacan han inspirado representaciones de las
ciudades marcianas en revistas de ciencia-ficción.

***

Y lo que son capaces de decirnos los nichos misteriosos
excavados en la piedra. Estas cavidades albergan objetos tallados, presencias que evocan ciertas figurillas, talismanes y fetiches del mundo precolombino. Figuras
que hospedan en sus abdómenes huecos efigies pequeñas, representaciones de espíritus o dioses que impo-
nen su voluntad al que las lleva dentro. En la obra de
Gonzalo, los nichos habitados por objetos complemen-
tan la geometría formal que articula el rudo corte de la
piedra, proporcionándole al conjunto una dimensión
metafísica.

Estos nichos, estos escondites secretos, me hacen pensar en la cámara oculta en la parte posterior del estudio
de Gonzalo en Nueva York, donde guardaba sus objetos
más preciados, libros de apuntes, piezas arqueológicas,
objetos encontrados y talismanes que había acumulado a
través de los años. Su *sacrarium* personal.

***

Curiosos son los pedazos de madera o piedra suspendidos con correas de cuero en tantas de sus obras. Nos re-
montan a la máscara de jade de Camatoz, el dios murcié-
lago zapoteca. Ahora hacen que me vengan a la mente las
figuras de terracota de tamaño natural recientemente
descubiertas en el Templo Mayor en la ciudad de México,

en cuyas cavidades del pecho están suspendidos sus pulmones, columpiándose como si fueran móviles de Calder.

***

La arqueología era la gran pasión de Gonzalo, como es evidente en todo su trabajo. Incluso en su conversación aparecía indirectamente. Comenzábamos hablando de política, de comida, de historias y anécdotas de colegas y amigos, hábitos de trabajo o lo que fuera, pero Gonzalo solía acabar con una disertación sobre la historia, la línea B, la fontanería romana o algo por el estilo. Inevitablemente nos topábamos con una palabra y, dándole la vuelta, terminábamos en una discusión sobre sus orígenes. Seguido, con diccionario etimológico en mano, la arqueología de las palabras llevaba a la conversación por caminos imprevisibles.

Vivíamos muy cerca uno del otro en Nueva York, y caminar por nuestro barrio era siempre una especie de excursión, observando y comentando constantemente detalles idiosincrásicos. Las cualidades de tal o cual piedra o adoquín del pavimento, una cornisa en un umbral, un edificio, la manera en que estaban cavando trincheras para cables y tubos en la calle, provocaban discusiones y especulaciones insospechadas.

***

Es evidente que de sus obras en piedra, mármol o madera emana una fuerte presencia física, así como un elemento formal riguroso. Pero a menudo son subvertidos por *graffitis* precarios, inscripciones rasguñadas, mensajes rascados o escritos con lápiz sobre ellas, dotándolas de un significado de otra dimensión. Recuerdo la exposición de su obra en la Bienal de Venecia de 1992, que tuvo lugar en el pabellón de Uruguay, un edificio de piedra, algo solemne, clásico y de estilo griego. Desde la entrada se veía su imponente, monumental *Muro blanco* bañado de luz. Ya listos para la inauguración, todos los pabellones de la Bienal tenían grandes anuncios y banderas proclamando los nombres de sus artistas. La entrada al pabellón de Uruguay tenía, casi como un ocurrencia tardía del artista, un *graffiti* pequeño a lápiz escrito sobre la piedra de la puerta: *Gonzalo Fonseca*.

CHINAMPAS

Mi serie *Chinampas* empezó con dos bronces. Poco a poco fui desarrollando otras esculturas en varias técnicas para explorar el tema. La idea del islote-huerta flotante me atrajo mucho: la relacionaba en cierto modo con algunas premisas de la *action painting*, en la que la superficie del cuadro sirve como un área o arena donde sucede el acto de pintar. De esta manera la pintura es huella y testimonio de lo que ha sucedido: evidencia de un acto poético. Los bordes de la tela demarcan los límites de la acción, circunscribiéndola como una isla.

Para mí las chinampas son también un área determinada donde ocurre algo. En el caso de las chinampas de Xochimilco sucede la agricultura: se cultivan cosas, y de vez en cuando se erige un templo o un altar. En estas esculturas he utilizado el formato de los pequeños islotes, pero lo que ocurre en ellas son espacios y formas; algunas orgánicas —vainas, plantas, semillas, raíces— y otras más arquitectónicas: rampas, senderos, túmulos, recintos.

Otras obras —*collage*/pinturas— evocan una vista aérea del islote labrado y en especial de los *chinámitl*, peta-

tes hechos de junco y "espadañas" que se tejen como soporte en la construcción de una chinampa.

Las esculturas son, de alguna forma, paisajes. Pero son
paisajes cercados. Las esculturas/islotes descansan en ba-
ses de espejos oscuros. Reflejos flotantes. La memoria del
agua envuelve un suceso escultórico.

CÓDICES

Supongo que la admiración que sentía por los tlacuilos —los escribanos del México prehispánico— me incitó a hacer códices inspirados en los de ellos. Por lo general sus códices son como libros desplegados en forma de biombo, y me interesaban no sólo por su gran calidad artística sino también por el curioso formato pictórico de los trazos, que parecían pertenecer a un ámbito ubicado entre el dibujo y la escritura. Me intrigó el hecho de que hubieran usado casi todas las fórmulas y posibilidades gráficas concebibles, sobre todo los grandiosos códices mixtecos, en los que pictogramas, ideogramas, signos, símbolos, glifos fonéticos y jeroglíficos —un lenguaje de repeticiones acumuladas, una gramática de colores yuxtapuestos— entran en juego unos con otros. No hay elementos decorativos. Cada forma, línea y color tiene un significado.

Por lo general estos códices se ocupan de temas tan etéreos como las historias y los motivos de los dioses, ritos ceremoniales, profecías y augurios y conjuros, cálculos astronómicos y calendarios. Pero hay otros que tocan asuntos cotidianos, a veces hasta banales, como la contabilidad, las listas de impuestos o los inventarios de tributos. El suyo es un idioma visual con un vocabulario pictórico extraordinariamente inventivo. Los códices que he hecho se han convertido en un proyecto continuo que me ha servido como un especie de vivero para sembrar esencias de mi trabajo en pintura y escultura. Con cada códice intento meterme en temas pictóricos de distintos estilos, inventar un vocabulario visual propio de cada uno. Hice un códice con forma de diario, en el que dibujaba una página cada día a la misma hora, y otro inspirado en las imágenes de una moviola; otro más se llama *Huellas de voz*. El *Códice Itzpapálotl* se basa en seis códices prehispánicos diferentes; cada sección cambia de estilo según su modelo. El *Códice Madero* se relaciona con el mundo visual de juegos y rompecabezas, y el *Códice Aztlán* es el supuesto relato de una peregrinación. El más reciente es el *Códice Pipixqui*, que toca temas vinculados a ritos cotidianos. Aparte del biombo he experimentado con otros formatos; por ejemplo, para averiguar el efecto de dibujos en secuencia pinté unos rollos con ideogramas y los coloqué en unos juguetes de cuerda que imitan televisores. Hay varios *Códices T.V.*, cada uno con su programa pictórico. No se puede cambiar de programa y hay un solo canal.

Me encanta indagar y explorar, pensar en esta idea: ¿cuándo un dibujo se convierte en escritura o la escritura llega a ser dibujo? Al fin y al cabo podemos leer una pintura, ver un texto en un árbol.

Pero el arte gravita siempre hacia su propio elemento: el juego. Es la llave de la puerta de la imaginación, que nos conduce al lugar donde las líneas se entretejen, las formas se deforman, los puntos se despuntan, los colores adquieren forma y los espacios se esparcen. Todo esto hace visible lo invisible. Crear códices me causa una sensación de parentesco con los antiguos tlacuilos. Así que me encanta reunirme con ellos en lo que se ha convertido en uno de mis campos de juego preferidos.

ESBOZOS

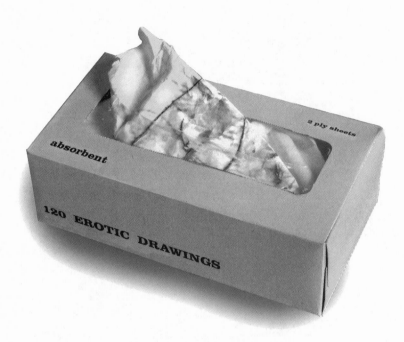

ICOÑOGRAFÍA

CARLOS FUENTES

La pornografía es, literalmente, la descripción de nuestro libertinaje, que a su vez es la libertad practicada por los desenfrenados o por los esclavos puestos en libertad. Es, en todo caso, una manera de desencadenarse, una sexualidad prometeica.

Sin embargo, ¿qué cosa es literal en un universo de formas simbólicas? Una letra es una litera (a letter is a litter) después de que Joyce le otorga a las palabras coñocidas la ambivalencia y la verdadera corporeidad que felizmente asociamos con el acto sexual. Las palabras y los sexos ya no son literales; el verbo y el cuerpo son sujetos de metamorfosis constantes. ¿Emergemos de esta experiencia más sabios aunque más tristes?

La icoñografía de Brian Nissen nos permiten regocijarnos (Re-Joyce!) en la tristeza sadánica (Sadeness). Sus acoplamientos de imágenes son un gigantesco calambur erótico, una vasta red de alusiones en la cual múltiples significados del cuerpo y el lenguaje, de la quietud y el cambio, se re-unen, atados por el nudo de la descripción sexual, sólo para observar como cada nudo se desata en el instante en que se ata, liberando sin cesar (sin César) ulteriores significados: una constelación de imágenes. Son cuentos sin cuenta de Cherezada (Chère Sade).

De los coñocimientos vergaderos nos separan, sin embargo, los cimientos de eros y las eros-siones simétricas del artista: vemos estos cuerpos pero no podemos tocarlos. Como los frutos y las aguas de Tántalo, siempre al alcance de la mano, pero siempre fugitivos al tacto.

Sólo nos es permitido tocar el papel y tinta. Y sin embargo, al hacerlo, tocamos la imagen. El personaje de Italo Calvino, Mr. Palomar, experimenta la mente como piel. Una piel tocada, vista, recordada. Esto también es cierto del arte de Brian Nissen: su coñocimiento consiste en prohibirnos tocar el coño cimiento, permitiendo que lo poseamos como el propio coño posee nuestra mente, la toca, la ve y le dice: Tú, igual que yo, eres piel.

La imagen da un paso adelante a fin de poseernos. Entonces Nissen nos pregunta: ¿Están ustedes preparados? ¿Hemos de ser siempre el vidente macho que primero mira la obra de arte, le fija un precio y entonces, sólo entonces, se abre la bragueta mental, se saca el pene, deja que una mosca se le pare en la punta y dice, Okey, ahora sí ya me paro y la paro, parto de lo separado y parado, la penetro y la apeno, la penelopeo y la peloponeo, le guste o no lo guste. El espectador macho del coñocimiento incluso se llevará a su esclavizada coñocubina a su harén cresoicónico, mostrándola, luciéndola y, un día, vendiéndola con utilidad. Déjala pasar. Déjala morir. Morir es pasar un poco. Pero ella nunca tocó a su sultán. El sólo cree que la poseyó. Cherezada, carne asada.

¡Mata esa mosca! ¡Cierra esa bragueta! ¡Botica abierta, boticario en la puerta!

De Altamira a Velázquez a Duchamp, el coñocedor nos pide que penetremos la pintura sólo si la pintura a su vez nos pene-entra: tal es el acuerdo.

El bisonte de Altamira sólo puede penetrarse si aceptamos compartir con él la arena, el coso, la cosa, escenificando la escena común en el lugar común, el lugar donde se dan cita el coraje y el miedo. Coger con él, cogidos por él.

Ortega y Gasset vio en *Las meninas* una doble dinámica pictórica: vamos hacia la pintura y la pintura viene hacia nosotros. ¿Estamos dispuestos a ser los objetos eróticos de la Infanta pero también de su enana, de la dueña así como del caballero que sale y entra por la escalera en el rectángulo amarillo de la puerta? ¿Estamos dispuestos a que la brocha del pintor salte dura y peluda entre sus piernas, exigiendo que paguemos el precio de nuestro placer, la grafía de nuestros pornos: poseer la pintura sólo si la pintura nos posee, pues coger es-es coger? ¿Estamos dispuestos a aparecer en el espejo pintado entre el Rey y la Reyna que engendraron a la Infanta que es la sujeta, la objeta y la ojete de la pintura dentro de la pintura, creando la coñofusion de un ménage à trois, ménage à droit, ménage adroit, ménage à troz, maneje un Rolls, mangez a Troyes, le ménage à Troie n'aura pas lieu?

Lávate los dientes con él.

Lengua is pánica, spinning, spunning, Spanish, spunish stunts: Stunning Cunts! Cunning Stunts!: pito is pánico, el pito es panizado. La desnuda desciende por la escalera hacia nosotros: su piel en movimiento toca, piensa, cambia serpentina, sólo para nosotros. Llega a nosotros renovada como la primavera. La abrazamos. Se volvió otra. Bajo la piel de la mujer vive el dios de la metamorfosis, Xipe Totec, la desollada deidad azteca. Esperen el siguiente movimiento: Él será Ella otra vez.

Xipe será Tlazotéotl, la mujer buitre, aura y aureola, la diosa que purifica al mundo devorando su basura. Basura Eros. Eros Siones. Eros Auras. Pureza. Y otra vez Basur-Eros, Litter, Letter. Él será Ella, ¿estamos listos para recibirlos? Tal es la cuestión de Brian Nissen.

Tócala. No la toques. Es bella. Pero está muerta.

¿Estamos listos para la muerte? Los amantes y los niños no le temen a la muerte porque la muerte es el único lugar donde pueden ser/estar juntos. La niñez prohibida y la pasión prohibida han evitado la vida. La muerte se convierte en algo más que el destino: es la única oportunidad de la niñez y la pasión, es su abrazo disfrazado de muerte.

Entiérrala. Sálvala del hambre de los animales.

Trucos y trompos, spinning stunts: Las mejores obras de arte, dijo el Surrealista, son imperfectas porque dejan mucho que desear. Añadió Blake: "El que desea pero no actúa engendra la peste". Brian Nissen nos ofrece una visión múltiple del deseo. La perfección de su forma es su imperfección. Su arte no aspira conscientemente a la permanencia si ésta es el signo de la permanencia. Por eso, permanecerá.

Otra vez Blake: "La eternidad está enamorada de las obras del tiempo". Otra vez Quevedo: "Sólo lo fugitivo permanece y dura". La permanencia del arte de Nissen se cimienta en su impermanencia. Depende del margen desalojado para que el deseo lo lo ocupe. En algunas obras, ese espacio es más ancho que en otras. En el caso de Nissen, lo expresa una actitud moral y estética: esto está pasando. Lo que pasa es la pasión. Se mueve. Se desea. Pasen ustedes.

Veo a estas figuras actuando sus coñocimientos, sin necesidad de apuntador porque se saben de memoria sus textículos y pasando rápidamente de lo descriptivo (la pornografía) o de lo reproductivo (el sexo) para ingresar a lo sobrenatural (el erotismo). El pasaje erótico hacia la muerte sin renunciar al deseo: Eros. E.R.O.S.

El movimiento en las figuras de Nissen remueve el aire estancado de lo pornográfico; también contamina el aire bendito de lo reproductivo, lo creativo o lo revolucionario: ¡con Bendit!, to con a phrase: coño es caño, coño es ceño; en ceño coño; coño es signo, segno, sign, sine, sigh: sighting cunts, sunning cunts, cunning signs, cunning suns, sighing cunts, Señora, no frunza el coño; seña, enseña, reseña, del coño: cunning stunts, stunning cunts, tricks of the pricks, monerías del mono, pitos pitando, reatas retando.

He aquí una coñofidencia: Nissen celebra el deseo pero no se deja engañar por él. Pues el deseo, cuya supresión engendra la (blakish) (brakish) pestilencia, es un canto de la inocencia. Deseamos a fin de suprimir la diferencia entre yo y el otro, entre el sujeto y el objeto del deseo. Pero este movimiento hacia la unificación contiene también las semillas de la alteridad y los peligros de la sumisión, la esclavitud, la posesión. Quiero cambiar el objeto de mi deseo. Quiero que se vuelva Yo. Quiero suprimir la diferencia entre Yo y el Otro, Sujeto y Objeto.

El cuerpo y el deseo de hacer posible lo imposible. Hacer de dos uno. La Androginia. Re-unir y fracasar una y otra vez porque el objeto se resiste a mi deseo, o se convierte él mismo en sujeto y me desea más de lo que yo lo deseo (o deseo ser deseado) por él. Infinitas permutaciones, coñocimientos sin fin: hemos de escoger eróticamente entre el deseo para la unidad o el deseo para la alteridad.

Patina hacia el deseo.

El Romántico escoge: seamos Uno otra vez. El Huérfano es/coge: seamos varios otra vez. El arte moderno se coñoce eternamente a sí mismo entre la nostalgia de la analogía y la tentación de la diversidad.

El erotismo de Brian Nissen es policultural. Artista británico en el mundo indoibérico, su tema es el deseo y su descubrimiento es que la libertad y la necesidad no se contraponen tanto como lo dice el puritanismo anglosajón o el marxismo germanosoviético. Nissen trae libertad individualista anglosajona a un mundo de oscuras necesidades colectivas. En las tierras de la necesidad (México, España) descubre que la libertad del sujeto consiste en transformar a él/ella/nosotros a fin de alcanzar un objeto materialmente prohibido. Las distancias entre el deseo y su objeto son (o han sido)

Inmensas en México o España.

Quizás esta sea la tradición más fuerte y positiva del mundo indoibérico. Impregna el arte popular, la pintura y la escritura con una urgencia que estaría ausente si el deseo pudiese cumplirse material, inmediatamente. Tierras de Tántalo, tiéntalo: puesto que el objeto huye de nuestro alcance, la figura, nosotros, él, ella, lo vemos ahora, debe brincar, ejecutar un triple salto mortal sobre el abismo que separa la orilla del deseo de la orilla de la satisfacción del deseo.

Amárrale un globo. Amárrala a un globo. Para que vuele.

Triple salto en el aire, salto sobre el vacío, peligro mortal del deseo: Brian Nissen, generosamente, despliega una red de salvación debajo de las figuras trapecistas del sexo y la muerte, uno y otra pasaje y pasión. Esta red se llama circo y juego, teatro lúdico. En el sexo, como en el carnaval, el tiempo se suprime; no existe nada, nada sucede fuera de las concentradas acrobacias del lecho. El mismo lecho sobre el cual un día habremos de arrojar la cabeza y no mover más, no sentir más.

Vela irse volando con el globo. Se ha caído hacia arriba. Vela vela. Gravaire. Ciclidad. Vela la vela, velando. La percepción me dice que la tierra es plana. La imaginación y el humor me dicen que es redonda. ¿Quién gana? El globo.

El juego de Nissen salva a los cuerpos gracias a la representación lúdica. Hela aquí, en un instante colmado, alegre pero cómica, regocijandose en la vigilia, rejoycing at the wake, coñocimiento de la muerte, la hubiera salvado una intrapiernosa de pene cilina, qué falta de coñocimiento, qué casto castigo, qué pánico is pánico, que juego castizo castigado porque como decía Luis Buñuel, sexo sin pecado es como huevo sin sal. Dead prick, dire trick, spinning spunning spunish spanish games.

Brian Nissen y yo compartimos un gran afecto por Luis Buñuel: el hombre y su obra. Recordamos juntos una terrible escena de *Él* donde el héroe, enajenado por los celos, entra a la recámara nupcial armado con cuerda, cloroformo, algodón, aguja e hilo. La mujer está a punto de ser cerrada, coñodenada: coño de nadie. Su cuerpo jamás volverá a abrirse.

El cuerpo es tu propio espectáculo. Escoge tu propio signo. No hay entrada. No hay salida. O acude a la reventa.

Coser las entradas al cuerpo es una de las perversiones descritas por Sade en *Las 120 jornadas de Sodoma*. ¿No hay cupo o no hay salida? Si no hay cupo, ¿no hay cuerpo?

La catálisis es la inundación del cuerpo, la ocupación de todas las zonas erógenas en un evento simultáneo. Juan Goytisolo me indica una marquesina en un cine pornográfico del Boulevard de Clichy en París. Su titulo es *Rápido, rápido, lléname los cinco hoyos*. ¿Desconoce la aritmética la dama que esto solicita?

Gracias a Plotino, sólo sabemos lo que Dios no es, jamás lo que es. Por lo tanto, el cuerpo es una manera de conocer a Dios porque Dios no es cuerpo. Los herejes cátaros trataban de liberarse de sus cuerpos porque no eran creación del Dios bueno y primigenio, sino de un Dios maligno y secundario: el Dios que nos regaló todo lo que Él No Es. Esta identidad satánica nos hizo cargo del cuerpo, nos fastidió con la negación del alma y nos desafió a que agotásemos, a que drenásemos nuestro horror material a fin de convertirnos en almas puras. Jamás se ha diseñado una justificación mejor para el placer erótico. Gracias a ella, cada acto sexual se convierte en una renuncia, una pene-tencia, un imperativo coñoerótico (Immanuel Kunt, Emmanuel Coño, *El clítoris de la razón pura*). Pero si sólo la Muerte puede realmente agotar las posibilidades del cuerpo, la herejía acaba por exigir su propia desaparición, convocando la cruzada exterminadora contra Albi. La liberación sensual, aun graciosa aunque gradual del alma, mediante el agotamiento sexual del cuerpo, les será concedida a los albigenses de un solo golpe apocalíptico. El cuerpo del árbol cátaro ha muerto. Lo mató la Historia: La Histeria: His Story: Hiss Starry: la Ostia Hórrea.

Balancea sobre ella la *Enciclopedia británica*.

Las monjas en el México colonial desnudaban sus espaldas y sus pechos y ordenaban a sus criadas que las azotasen y las llamasen sacos de excremento, tubos de mierda, bolsas de corrupción. Dale vuelta a esta página y mira a Brian Nissen tres siglos después, sustituyendo la ceremonia del pecado por la ceremonia de la gracia. El canal de la corrupción se ha convertido en el río del humor. La red de seguridad extendida por Nissen debajo de los acróbatas sexuales los salva de las caídas de la excesiva razón y de la fe excesiva. Los hace levitar en ese elogio de la locura erasmiana que convierte en conceptos relativos, vivibles, tanto la locura de la fe como la de la razón. Miren ustedes estos actos de equilibrio teológico-humanístico en el Concejo de Nissen, en el circo de Brian, hermano del circo volante del Monte Pitón, ambos circuitos del juego que salva a nuestros cuerpos de los extremos de la coñdena y de la coñversión coñcilio: el circoño de Brian, el cuntcilio de Nissen, el Pitón de Venus Altamira, Marte Pitón, priapos atados, cuerdas flojas, juegos flotantes, sexo siamés, bolas boxeadoras, jócula, risa, laughter, rire; pingas del pingo, culebras, cul le bras, cool brass, pitos del mono, sexo sonriente: sex sucks! ¡mejor que sexo seco!

Dejen de reírse. ¿Estamos preparados para la muerte? Detrás de cada coñocimiento y manada mamada, lechosa lamida o tétrico truco en el libro de la erótica nisseana, yace un cadáver. La más cabezuda motivación de las conjunciones sexuales (Octavio Paz) es la certeza no dicha de que esos cuerpos que aquí vemos enlazados en el placer un día no serán más: todo acto sexual es un recordatorio de la muerte (Georges Bataille) y una memoria de que el cuerpo nace solo y morirá solo, sin su compañero terrestre, el Otro.

Tócalo. No lo toques. Es hermoso. Pero está muerto.

No hay hecho más doloroso que este: los cuerpos que amamos nos abandonarán antes de que nosotros querramos abandonarlos. El erotismo extraordinario de ciertos acoplamientos por Ticiano y Van Dyke o Manet consiste en que Cupido o Venus, los Arnolfini o una mujer desnuda que se va de pricknic con una compañía de caballeros totalmente vestidos, son todas ellas agrupaciones pasajeras. El grupo jamás se recompondrá. Cuando nosotros llegamos a ver la pintura, todos sus sujetos están separados, muertos, desconocidos –radicalmente ignorados– para el mundo y entre sí. Toco la mano de la mujer que amo –Sylvia– detenida a mi lado, mirando la obra de arte. Como Venus, Olympia o la mujer de Arnolfini, ella también habrá desaparecido un día sin mí y yo sin ella. Es inevitable: los cuerpos no son una realidad sincronizada. Vemos la pintura. Nos tocamos. De alguna manera, debemos afirmar que nuestro tacto, nuestro acto sexual, derrota a la muerte. La pintura que contemplamos nos lo está diciendo. También nos dice que toda actividad sexual es un ensayo de la muerte.

Entiérrala. Sálvala del hambre animal.

La visión que Brian Nissen tiene de la pasión erótica va más allá de nuestro deseo para derrotar a la muerte. El sentido de lo erótico es afirmar la vida dentro de la muerte. Esto no le es difícil. Coexiste con España y con México. Lo entiende. Lo cumple.

Exhúmala. ¿Estás seguro de que en verdad está muerta?

Las calaveras de azúcar del Día de Muertos en México (Posada, Eisenstein), la poesía fúnebre del barroco español (Quevedo, Góngora) son celebraciones de la plenitud de la vida. Sólo hay vida. La muerte le pertenece a la vida. Más que la zona (el alma) de la mística, este pensamiento pertenece a la providencia (el cuerpo) de lo erótico. Sólo Eros va más allá de la función sexual de la vida, común a todos los organismos reproducentes, y reclama la presencia del sexo en la muerte. Una hormiga o una pantera (hasta donde sabemos) no concibe el sexo más allá del placer o la reproducción. A este, el niño, el amante y el artista le dicen: sí, la Muerte. Una afirmación: imaginar el cuerpo del ser amado más allá de su corrupción y desaparición. Mucho más: salvar al cuerpo del terror de sí mismo. Esto es lo que el artista Brian Nissen alcanza. Él es el Otro: el Artista. Sólo el Otro puede hacernos este regalo. En la vida o en la muerte.

¿Hay otra respuesta? ¿Tiene el cuerpo otra alma? ¿Tiene el alma otro cuerpo?

Texto del libro *Voluptuario*
(Saint Martin's Press, Nueva York, 1996)

Nissen en el parque *Grounds for Sculpture*. New Jersey, 2005

VOLUPTUARIO

LAURA ESQUIVEL

La riqueza de las imágenes de Brian Nissen y el deslum-
brante texto de Carlos Fuentes inspiran ideas y sensaciones
más sabrosas para sentirse que para decirse. No obstante,
intentaré poner en palabras algunos pensamientos que el
gozo me permite hurtarle a la cachondería.

Enfrentar el deseo es menos difícil tal vez que hablar de
deseo, por eso se explica la necesidad de sustituir el objeto de nuestro deseo por otra realidad sólo evocada, ausente
e innombrable. El deseo asociado con la imposibilidad de
mencionarlo produce un caudal de invenciones. Para darle nombre a lo que no puede decirse hemos recurrido
a designar al mismo objeto con muchos otros nombres, de
esa forma la no mención se transforma en mención constante: el objeto ya no es su nombre sino todo aquello que
lo alude, todo nombre que nos recuerda al nombre.

Todo este juego de complicadas operaciones de reconstrucción ha fascinado a la cultura occidental en más
de un momento de su historia, y ha determinado el rum-

bo del arte de algunos países, en particular, como lo expresa Carlos Fuentes:

> En las tierras de la necesidad (México y España) (...) las distancias entre el deseo y su objeto son (o han sido) inmensas. Quizás esta sea la tradición más fuerte y positiva en el mundo indoibérico. Impregna el arte popular, la pintura, y la escritura con una urgencia que estaría ausente si el deseo pudiese cumplirse material, inmediatamente.

Sin embargo, a pesar de la máscara siniestra, el juego de la sustitución del nombre del objeto del deseo ha provocado manifestaciones ricas en ambigüedad y, gracias a su propio carácter vital y voluntario, tales sustituciones se han impregnado con grandes dosis de placer, de juguetona alegría, de espasmos de gusto.

En México, el albur es una de las formas de expresión popular que más claramente ejemplifican el afán de reconstruir en ausencia el nombre del objeto del deseo. A través de un universo de alusiones, que termina por ser una gran y única alusión de tipo sexual, los genitales masculinos y femeninos sufren un sinfín de metamorfosis hasta quedar en definitiva, inalterablemente sustituidos en nuestra lengua, impregnados instante tras instante en el hablar de todos los días. Los genitales se dicen sin mencionarse, se mastican, se imaginan; los olemos con la palabra que los oculta, los tenemos, por decirlo así, no en su lugar natural sino en la punta de la lengua.

Brian Nissen, extraña mezcla británico-mexica-hispánica-chilanga nos recuerda con su voluptuario uno de los mecanismos característicos y jubilosos del albur mexicano: nos muestra algo para no mostrárnoslo, nos dice para no decirnos. Alude, sonríe a nuestra complicidad, y los genitales y el placer de los genitales, la mención del placer y los nombres del deseo aparecen y desaparecen en un vertiginoso juego de lenguas, ojos, sal, experiencias cotidianas, alegría de vivir. Porque si el objeto es nuestro deseo, como dice Carlos Fuentes, "tántalo, tiéntalo (...) Huye de nuestro alcance", hemos de recrearlo cotidianamente, en cada gesto, en cada acto de nuestra vida diaria.

Entre el cepillo de dientes, el salero y la danza repetida de todos los días el sexo brinca convertido en palabras, en gestos, en sabores, en olores, en nuestra manera particular de meterle el chile a todo lo que nos tragamos, de llenar de connotaciones sexuales lo que comemos a diario.

Decir chile por decir pito, por decir plátano, por decir te sientas, por decir me paro, por decir agárrate, por decir me aprietas, por decir que el sexo está en la boca de todos... ustedes, y se sale en cada palabra, en cada forma de palabra que parezca a lo que deseamos. El albur le da alegría a la palabra. Nissen, alburero del pincel o del pincel alburero, le da alegría al ojo, al ojo interno del ojo. Si nos permitimos el juego del albur y el juego de Brian Nissen y Carlos Fuentes, el resultado seguro será el ingreso a lo cotidiano erótico, a lo espontáneo, primitivo y vital: ser cogidos por la imagen. Ser cogido por la imagen es ser cogido por el texto en esta laberíntica red de alusiones en las que el objeto de nuestro deseo nos parece etéreo, se nos pierde de vista aunque nos esté mirando y jodiendo y amando.

Brian Nissen nos presenta su versión de esta modalidad de presencias-ausentes dentro de sus imágenes. El erotismo, la voluptuosidad están incrustados en las líneas, en la invocación que producen las líneas. Así, cuando vemos la imagen en la que una figura mete la mano en los pliegues del pantalón de otra figura, por ejemplo, aparece en nuestra fantasía el objeto oculto que deseamos y que sólo a nosotros nos pertenece. Y así nos comemos el secreto, nos cogemos con lo secreto y somos intensamente felices. Hay que comerse, meterse el sexo por los ojos, por la lengua y por donde se pueda. No en balde en México, bien lo saben Brian y Carlos, los verbos coger y comer son sinónimos en más de un caso.

En Carlos Fuentes, el albur desdobla al lenguaje, lo hace terso, lo torna en juego de espejos: aquí aparece lo que allá aparece y ambos significados desaparecen porque las palabras se refieren a un objeto distinto de lo que significan racionalmente. Consiste en decir una cosa para entender otra, o lo que es lo mismo, en escuchar realmente lo que el sonido dice despojado de razones. A través de ello las imágenes se revelan y se rebelan abriendo un espacio para que el deseo sea mencionado liberando con esto fantasías en la órbita de la represión moral sistemática. Nos ayuda a entender que el juego del albur implica un diálogo, exige un cogerse-comerse al otro, al que escucha, aunque en la ambigüedad de las reglas no esté excluido el placer de ser cogido, aunque lo único que nos toque del otro sean las puras peladas, pelonas, peludas palabras.

La invención intuitiva del albur se parece a la culta actitud literaria que hace que un texto contenga dentro de sí, por evocación, muchos otros textos: dentro del *Quijote*, dentro del poema *La tierra baldía* de T. S. Elliot están Budelaire, Dante, Wagner, Shakespeare y otros más; ¿cuántos Ulises —para mencionarlo con Fuentes— y cuántos Ulises hay en Joyce? Y así otras tantas invocaciones literarias más o menos conscientes cuya principal función consiste en urdir un juego de presencias fantasmales que, bien jugado tal y como lo hace Fuentes, llenan de jugo, de sabor y de consistencia la creación original.

Tal vez en la relación que existe entre el placer y la expresión del placer por medio del humor, Brian Nissen y Carlos Fuentes han encontrado los misterios y sutiles nexos que unen la cultura británica con la mexicana. Y con su gran descubrimiento nos ha dejado totalmente sobre-cogidos y mas-turbados que nunca.

Katún y *Ciudadela*, de Brian Nissen. Museo Tamayo, ciudad de México

MODERNIDAD MESOAMERICANA EN EL ARTE DE BRIAN NISSEN

ARTHUR C. DANTO

Brian Nissen es un hombre de lo más cosmopolita, que se siente a sus anchas en varias de las ciudades más importantes de Occidente, como Londres, Nueva York, París, México y Barcelona, entre otras. Es, además, una persona cultivada, amante de la literatura y de gran vena artística, que cuenta entre sus amigos a poetas, políticos, científicos y filósofos. Como creador ha establecido diálogos con los movimientos modernistas de mayor envergadura y ha encontrado inspiración estilística en todo aquello que pudiera haber congeniado con esa visión inconfundiblemente suya. Pero la cultura que lo define como artista es en primer lugar la mesoamericana. Durante los años que vivió en México, Nissen se abrió de manera excepcional al extraordinario patrimonio artístico de los indígenas que desarrollaron —aislados por completo en el centro del continente americano antes de las devastadoras conquistas del siglo XVI— a lo largo de los siglos una de las civilizaciones más grandiosas de la historia. Nissen se ocupará de este legado no desde el punto de vista del antropólogo o del turista cultural, sino como un artista que vio en las esculturas (con frecuencia aterradoras), los códices, los motivos decorativos y la arquitectura ritual de una forma de vida sometida, un sistema abundante en verdades artísticas para el cual nada de lo aprendido en las aulas, museos y galerías de Europa y Estados Unidos lo había preparado. El arte precolombino, como suele llamársele, le aportó su tema, la esencia de su estilo y una filosofía del arte que ha materializado en una obra escultórica sin igual en el mundo del arte contemporáneo. Es obvio que le sería imposible vivir la vida que México le abría en el terreno estético. Es harto ilustrado y demasiado moderno como para suscribir las creencias implícitas en el arte que lo inspiró. Sin embargo en la filosofía que lo explica encuentra el principio del significado artístico que es la clave de su propia obra.

Lo que descubrió en México podría identificarse como una estética del *significado* que contrasta con la estética de la *forma* predominante en una parte sustancial del discurso del arte moderno. "Creado por gente que no poseía el concepto de *arte* como lo entendemos nosotros", escribe Nissen, "sus artefactos y esculturas [...] jugaron un rol integral en casi todos los aspectos de su vida diaria así como en la medicina, astronomía, agricultura, religión, el trabajo cotidiano, etcétera". El concepto mesoamericano de obra de arte era el de un objeto "investido de poderes especiales". Estos poderes le otorgaban un papel en la vida diaria; así, un cuchillo, un plato o una jarra, por ejemplo, operaban en dos planos interpenetrados: el del uso cotidiano y el de la acción ritual. "Era éste un arte que iba más allá de la elegancia formal o las ideas de la belleza, para servir como una especie de texto". El arte podría ser un texto, en el sentido que Nissen le confiere, sólo si la vida misma fuera un texto, sólo si la vida en sí fuera algo sagrado. Los seres humanos, plantas, animales, cuerpos celestes, dioses y diosas estaban atrapados en una *Gesamtkunstwerk* donde todo implicaba roles, imperativos y obligaciones de los cuales dependía todo lo demás. El arte en Europa, especialmente a partir de la invención de la estética en el siglo XVIII, se había apartado de la vida colocándose en marcos o pedestales para su contemplación y disfrute así como para el ejercicio del buen gusto y el juicio. Existía para enriquecer el ocio y para quienes tenían el tiempo de cultivar su sensibilidad. La institución del museo surge plenamente a principios del siglo XIX, como un espacio desligado de las exigencias de la vida cotidiana, donde el arte no tenía otra tarea que la de ejercer su esencia. Ahí se aprendía a apreciarlo entendiendo su forma, con frecuencia analizada en términos casi geométricos, o situándolo en sus contextos históricos de los cuales dependía la eficacia de su significado. En el siglo XVIII —el siglo de la estética— algo de esto llegó a derramarse sobre la vida. Pero ésta siguió siendo la vida del buen gusto y el juicio reflejados en los modales, el decorado de interiores, los trajes, el coleccionismo y la recreación entre quienes podían darse el lujo de participar en ella.

Un paradigma singular de esta filosofía del arte contraria a la estética, descubierta por Nissen en Mesoamérica, es el tremendo monolito de una figura femenina colosal llamada Coatlicue, que viera por primera vez en el magnífico Museo Nacional de Antropología e Historia de la ciudad de México. Esta efigie imponente de más de 3.35 metros de altura, esculpida en basalto y con una aterradora cabeza de serpiente lleva un collar de manos, corazones y cráneos y una falda de serpientes entretejidas. Representa a la madre de Huitzilopochtli, patrón de los gobernantes aztecas, que saliera de su vientre totalmente ataviado para la guerra. La figura de Coatlicue es toda una biblioteca de emblemas, cada uno investido de un poder específico; sin embargo sería el poder de la totalidad lo que le daría una presencia formidable. A Nissen le impresionaría especialmente que hubiera símbolos grabados bajo sus pies, presentes pero invisibles, lo cual nos dice —a nosotros y no a los aztecas, pues no tenían el concepto de arte como algo puramente visual— que era más importante la existencia de estos símbolos que el hecho de estar a la vista, pues los poderes de Coatlicue trascendían lo visual. Ella era mágica de todo a todo; espeluznante y poderosa, y no grácil y bella como las diosas griegas. No es estrictamente cierto que nuestra relación con esta escultura deje de ser estética: el terror y el horror son cualidades de este orden cuya intención es asustar a los espectadores y no agradar al ojo como pretende la belleza. No estoy seguro de que el arte anaestético sea totalmente posible, a pesar de Marcel Duchamp. Pero desde Kant, la estética filosófica se ha confinado a un rango relativamente estrecho de efectos disponibles. El rango elegido por la cultura mexicana es el que cabría esperar de una civilización basada en la industria del sacrificio humano considerado, según los cosmólogos, imprescindible para preservar la Tierra de su destrucción. Aunque la hermenéutica real de la interpretación simbólica debería dejarse en manos de los arqueólogos de Mesoamérica, el sistema implícito del cual el arte de esa cultura derivó su propósito es una matriz para referirse a la obra —en otro sentido absolutamente contemporánea— de Nissen.

Dirijamos la mirada a *Ahuácatl*, término que, de hecho, significa "aguacate". Es la escultura esquematizada de un árbol de este fruto. Pero es la planta reimaginada desde la perspectiva de una cultura guerrera. Se parece a la figura de un luchador armado y con armadura. No tiene ramas; proyecta una silueta, pero no da sombra. El frente resulta amenazante, como el de Coatlicue, y está protegido por un atuendo hecho de puntas de lanza. Su identidad es, de hecho, indeterminada: podría ser una serpiente emplumada, un cocodrilo erecto con escamas amenazadoras o una especie de cacto protegido por espinas. En la base hay esferas que podrían ser tan pronto frutos como misiles. Hay apéndices que pasarían por brazos o por ramas. La figura parece llevar algo así como un tocado. Mi impresión sobre este objeto espinoso, erecto, desafiante y peligroso entraña un mundo en donde todos —humanos, animales y plantas— deben defenderse de una amenaza constante —y arrasar o ser arrasados en las luchas rituales exigidas por un cosmos implacable. No puedo pensar en nada que, dentro de la escultura contemporánea, se asemeje a este texto compacto de significado cosmológico; punzante, orgulloso, fecundo, parte serpiente, parte árbol, parte arma.

La civilización azteca se regía por el calendario y sus rituales eran vistos como necesarios para evitar la destrucción del universo. El mundo había visto pasar ya cuatro eras y se temía que la quinta —es decir, la época actual— terminaría de manera apocalíptica a manos de monstruos femeninos del tipo ejemplificado por Coatlicue. La gran piedra calendárica es, de alguna manera, el pendiente de

Coatlicue. Por su verticalidad, el *Katún* de Nissen emparenta con *Ahuácatl*, y mi primera impresión fue que se trataba de una figura animada levantando su escudo en un movimiento ascendente visto en estadios superpuestos, mientras que un brazo, o un apéndice parecido a un brazo, se extendía hacia fuera en señal de amenaza, o quizá saludando. De hecho, su título se refiere a las unidades de tiempo de cuatro años utilizadas en Mesoamérica, y las "lenguas" intercaladas indican el paso de los años y van emergiendo o hundiéndose de acuerdo a la filosofía de cada quien sobre el paso del tiempo en el esquema más amplio de la historia. Independientemente de su interpretación la obra tiene, desde el punto de vista estético, un ritmo *art déco*, una tendencia ascendente, explicada de manera sencilla y formal cuando reflexionamos sobre la manera en que las modulaciones aztecas se prestaban a los esquemas decorativos del *art déco* en los años veinte, apareciendo en el diseño de lámparas, columnas y automóviles deportivos, en esculturas de Brancusi o de los futuristas, y en las ondulaciones coquetas de los vestidos de la era del jazz. Pero no se trata, sin embargo, de un ejemplo del estilo retro por parte de Nissen, quien revive esas estrategias formales del arte azteca que coinciden casualmente con el lenguaje del *art déco* y su necesidad de transmitir, a través del arte y el diseño, la velocidad y la sexualidad de la vida moderna. Lo que Nissen haya querido decir en los años ochenta, cuando su escultura llegó a la madurez, es otra historia. Pienso que está imbuida de afinidades entre el estado de guerra constante que parecía ser nuestro destino a finales del siglo XX y el final de una visión del mundo que tiñó la vida diaria y sus expectativas durante los últimos días de los aztecas, antes de que su cultura fuera devastada por invasores de un mundo que eran incapaces de entender —una manifestación en la vida real de lo que las fantasías de la ciencia ficción ven hoy ubicadas en el futuro. Ésta es, lo subrayo, la manera en que yo lo veo.

Existe una tercera verticalidad materializada en *Heliotropo* (girasol), esa flor cuyo rostro radiante está siempre vuelto hacia la luz, propiciando una interpretación religiosa en la que se dice que mira —hasta marchitarse— la fuente de su propio ser y de todos los seres vivos. No es de ningún modo arbitraria, entonces, la lectura de la obra que, al menos para Nissen, evoca una crucifixión, con los brazos estirados en la agonía de la suspensión. Yo, por mi parte, lo vi de inmediato, como una evocación de la gran *Pietá Rondonini*, donde Miguel Ángel esculpió de una columna antigua a la virgen y su hijo, de momento, muerto. Las dos lecturas comparten una identidad: dos estadios en la muerte de un dios salvador. En la obra de Miguel Ángel, la cabeza cubierta de María parece tener un eco en *Heliotropo*, pero en ambos casos el arco sobre la figura deberá ser leído como un halo. Y con todo debemos prevenir una lectura en exceso rígida, pues extendería la interpretación demasiado lejos para leer el mismo arco en *Ahuácatl* como un nimbo. En general, la obra de Nissen entraña un campo de significados y no la correspondencia exacta entre signo y referente. Y siempre existe la posibilidad de que una forma se haya colocado en tal lugar para completar la sintaxis de la obra como "algo necesario", sin aportar un sentido propio independiente. Pero pienso que el sentido general del campo entrañado es consistente en su rango cosmológico —de orden precario, de belicosidad, de riesgos, amenazas y consecuencias catastróficas si las cosas no van bien —que es el mensaje consistente y palpable de la forma de vida mesoamericana en un universo donde dioses y guerreros se entregan a rituales percibidos como mucho más importantes en sus consecuencias que una sola vida o una sola muerte. El cautivo que ofrece su corazón como víctima de un sacrificio está absolutamente consciente de estar contribuyendo a la armonía general de las cosas.

La indeterminación de significados específicos se manifiesta como en ningún otro lado en un grupo de volcanes que, para mí, son el logro principal de Nissen durante los años ochenta. *Paricutín* es una pirámide de cuatro lados, una montaña estilizada. Seis llamaradas —o fumarolas— salen del cráter geométrico doblando la altura de la pieza. Ésta transmite a través de su forma la imagen de un brasero, un accesorio del sacrificio. Hay un tramo de escalones en un costado —como en las pirámides de Yucatán— que los sacerdotes subían y bajaban durante la práctica de sus rituales. Es a la vez una forma natural y arquitectónica: montaña, pirámide, altar, donde la naturaleza, la religión y el arte colaboran en la preservación del orden cósmico. Tubos vermiformes se retuercen saliendo del cráter y bajando sus faldas, y tres cilindros y un arco en la base representan quizás una aldea precariamente situada a los pies de la oquedad tronante, violenta, devoradora, sulfurosa y llameante hacia el interior de la tierra. La obra se ve aún más alta que Nissen en una fotografía; su escala es, entonces, comparable a su poder. Lo que esta ilustración nos permite apreciar es que en ninguna de las grandes piezas de los años ochenta la escala implica tamaño. Podrían estar realizadas en cualquier dimensión, incluso tratarse de esculturas para poner sobre una mesa, sin que por esto perdieran nada de su poder. La obra es monumental sin importar el tamaño.

Una de las esculturas en bronce de Nissen tiene un significado que podría perderse entre quienes no posean un conocimiento de la historia mesoamericana tan profundo o tan rico como el suyo. Está inspirada en la chinampa, una especie de jardín flotante que sirviera para fines agrícolas en la capital azteca, Tenochtitlan, antes de la conquista de México. Las chinampas se construían de cáñamo y pastos unidos con lodo del fondo del lago que les aportaba una tierra rica en nutrientes de la que se obtenían cosechas lo suficientemente abundantes para alimentar a una población enorme. En tiempos de los aztecas las chinampas flotaban en hileras sobre la superficie de un lago, permitiendo la pesca en los canales entre las balsas y en un sistema de vías acuáticas que aún subsiste en Xochimilco. Una chinampa típica de Nissen incluye cintas entretejidas como las de una canasta para representar la técnica constructiva de las islas artificiales, formas que simulan productos agrícolas, como melones y calabazas, quizás un edificio parecido a una choza como refugio y algo que podría representar un muelle. Hay muchas variaciones del tema de la chinampa que ejemplifican, a mi manera de ver, la composición *flat-bed* —término introducido por Leo Steinberg para caracterizar la obra de Robert Rauschenberg. Como todas las esculturas de Nissen, las chinampas se inspiran en los artistas que han sido sus pares en las eras moderna y posmoderna. Pero las chinampas también celebran las habilidades de innumerables artesanos anónimos y olvidados que tejían y entretejían dando forma a auténticas islas a partir de material vegetal y lodo, poniendo a funcionar el arte al servicio de la vida y manteniendo el bienestar de la comunidad. ¿Quiénes entre los artistas del mundo moderno podrían decir lo mismo?

Las esculturas de Nissen utilizan un vocabulario compuesto de planos lisos con formas geométricas como extensiones —cilindros, esferas, pequeñas pirámides truncadas con aperturas, arcos— y formas irregulares no geométricas como perillas, anillos y ganchos en ocasiones dispuestos densamente como escamas o armaduras. Su estilo es inmediatamente reconocible. Los objetos que estos componentes forman no siempre se identifican con la primera. *Quetzal*, por ejemplo, parece estar formado de conjuntos de tres cojines para freno curvos, que podrían, en el agregado total, representar olas u hojas de palmera. Las esculturas tienen una apariencia *moderne* simplificada, que se explica, como he sugerido, a partir del hecho de que el *art déco* —o *art moderne*— ya había retomado formas aztecas. Poseen con frecuencia un poder compactado y una hermosa pátina de bronce, real o implícita. Las chinampas son plataformas tipo balsa, con diversos patrones impresos que sugieren el tejido y el trenzado, sobre las cuales se distribuyen formas escultóricas como las descritas antes, que sugieren estructuras agrícolas. Parecen asentamientos en miniatura y llevan el lenguaje escultórico del artista a una nueva dimensión.

Una sensación diferente, aunque afín, es la que transmiten las variaciones de Nissen sobre un tema de la naturaleza, el *Limulus polyphemus* o cangrejo herradura —cuyos caparazones vacíos parecen artefactos aztecas— muy conocido por los habituales de las playas de las costas de Nueva Inglaterra. Nissen los ve como cascos con decoraciones puntiagudas. Su forma ha permanecido inalterada durante doscientos millones de años; es el animal más antiguo en el sentido de que los especímenes vivos son morfológicamente iguales a sus fósiles más tempranos. Nissen decidió, en un momento de inspiración, diseñar nuevos caparazones para el *Limulus polyphemus*, como si se tratara de una nueva línea de cascos destinada a los miembros de una orden neoazteca interesada en la intimidación a partir del tocado. Así que hay formas de hoja, (*Limulus 1*), formas de lombrices (*Limulus 7*), y aun formas de lengua (*Limulus 5*), lo cual apoya mi lectura inicial de *Katún* como "guerrero". La exhibición de los *Límulus* es como un catálogo de las formas de Nissen con nuevas aplicaciones.

Algunas veces el reciclaje de formas lleva a resultados nuevos e incluso sorprendentes. En cierta medida, la sensación de *Quetzal*, por ejemplo, se amplifica masivamente en el mural escultórico, *El Mar Rojo,* instalado en el Centro Maguen David de la ciudad de México y terminado en 2005. Consiste en planos blancuzcos y ondulados —como virutas— de diferentes anchos que se van dilatando progresivamente en ambas direcciones desde el centro, donde las "aguas" se han separado, creando una senda para que los Hijos de Israel puedan pasar entre los muros de agua, sobre el piso del Mar Rojo. Construir un mar furioso, dividido por el poder implícito de Jehová, es un acto de osadía artística que rebasa la obra de por sí atrevida de Nissen y no tiene parangón con lo que yo conozco del arte. Es una obra maestra de arte religioso, de ornamentación para un templo, de escultura mural y es digna de la tremenda tradición mesoamericana que ha sido fuente de inspiración para Nissen durante cuatro décadas. Es también la culminación de una brillante carrera.

(Traducción de Guillermina Olmedo Vera)

Manuel Álvarez Bravo y Brian Nissen

MARIPOSA DE OBSIDIANA

DORE ASHTON

Este es un viaje por un poema, una digresión, un homenaje. Una cascada de imágenes y un tributo a Octavio Paz y al raro poder con que las suscita y las ordena. En este acabado periplo, Brian Nissen fleja la resplandeciente ronda de reflejos de Paz —esos reflejos que son una de sus alusiones predilectas. Cuántos poemas suyos hablan de ojos, espejos, ventanas, agua, reflejos de reflejos (recordando siempre su etimología latina, *reflectere*, "doblar", y la metáfora platónica de la vara sumergida en el agua). En este poema habla de la obsidiana, la negra piedra vítrea, el vidrio-espejo volcánico de múltiples refracciones que son una suerte de perpetua metamorfosis: "el espejo y su doble, el trato, son un teatro donde se opera la metamorfosis del mirar en saber" y "los reflejos son también reflexiones".[1]

En las reflexiones de esa otra manera de pensar —dar forma es para el artista otra manera de llegar al conoci-

---

[1] Octavio Paz, *Sor Juana Inés de la Cruz o las trampas de la fe*, México, Fondo de Cultura Económica, 1982.

miento—, Nissen no ha olvidado el poema. Tampoco ha olvidado el abismo sobre el que flota, precaria, la cuerda floja del tiempo. Hace una lectura profundamente elemental, tejiendo y re-tejiendo las sílabas del texto en su ojo interior. Lo reconstituye. Es perfectamente natural para un artista aceptar un texto como abstracción susceptible de ser transformada (mágicamente, por supuesto) en imágenes. En cuanto al tiempo, sabemos de su función real en el poema por lo que siempre ha dicho Paz. En más de un ensayo ha subrayado que el poema goza de una doble vida:

> La obra sobrevive a sus lectores; al cabo de cien y doscientos años es leída por otros lectores que le imponen otros sistemas de lectura e interpretación... La obra sobrevive gracias a las interpretaciones de sus lectores: sin ellas no habría obra. La obra traspasa su propia historia sólo para insertarse en otra historia...[2]

También suele hablar Paz de los sistemas de prohibiciones y autorizaciones de toda sociedad, y nos recuerda que las prohibiciones tácitas son las más poderosas. Nissen, en su lectura y resurrección del poema, tuvo que transgredir la prohibición, sobreentendida por el siglo XX (y nacida a fines del siglo XIX), de lo literario en las artes visuales. En este siglo que se ha distinguido por su empeño en las consignas, el arte debe nacer de la pura forma. Así, la ilustración es un arte que declina o que se somete a la forma sola. Se han dado obras suscitadas por poemas, pero demasiado a menudo concebidas con el espíritu de la ale-

---

[2] *Op. cit.*

goría, o el del paralelo, y que rara vez encierran un intento de re-presentación. Nissen no ha cedido ante las prohibiciones tácitas y ha tenido la audacia de apropiarse de la imaginería encerrada por el polivalente poema de Paz.

Esto es lo que Nissen vio (leyó) en el poema:

Vio una alegoría de México, una prolongada metáfora de la impar historia cultural que reclamaba una interpretación desde el reinado de los príncipes prehispánicos. Leyó a la diosa caída, depuesta por los españoles y depositada en la catedral, tan disminuida que muchos la tomaron por un montón de polvo. De esos granos de polvo brotó la empedernida divinidad mariposa, claramente legible bajo varias formas. Nissen discurre acerca de ella sin olvidar nunca, nunca sus múltiples formas, por las que el poema de Paz se va expandiendo. Vio también los motivos abstractos que alimentan el arte desde un tiempo inmemorial —todos esos grandes temas que ningún poeta, ni siquiera los fieros escritores del México anterior a la conquista, ha omitido. El amor, la pasión, el nacimiento, la muerte, la resurrección y, sobre todo, el tiempo. Para Nissen era un imperativo recordar grandes temas y acercarse a las extrañas, a menudo perturbadoras fuentes prehispánicas que los europeos contemplan con una mezcla de horror y de asombro. Así, en ese acercamiento, sin titubear miró de frente, como lo hiciera Octavio Paz, a la diosa chichimeca Itzpapálotl. Esta diosa del sacrificio y de la guerra, que tantas veces fue representada con sangrientos corazones que le cuelgan de todo el cuerpo, es también la diosa de las flores y los frutos, y es asimismo la mariposa de obsidiana con su connotación de congeladas metamorfosis. Y es el tiempo. Y la erupción volcánica. La discreta cultura que la produjo se vuelve ahora legible. Es descifrada, en las múltiples imágenes de Nissen, como afirma Jaspers que debe serlo todo arte. La cifra, el blanco, el grado cero se hacen tangibles en su metamorfosis. El artista restaura tanto lo humano como lo que pertenece al orden de las ideas fundiéndolos en imagen única, formada con el re-integrado "alfabeto arrasado" que Paz elucidó con tanta elocuencia.

Deliberadamente, Nissen crea un vocabulario de signos, símbolos también, tomados del poema. Y se sumerge en cierto clima —el de ese poema, reflejo de cierto clima a su vez—, para emerger en otro clima más.

El estudio de sus apuntes iniciales y del *Códice Itzpapálotl*, que da fundamentos a sus símbolos y a los significados de éstos, es la fértil fuente de las innumerables variaciones plasmadas en *collages*, bajorrelieves y esculturas. Toma en cuenta, primero, la aspereza y la angularidad que predominan en la herencia prehispánica. Luego, traduce. Transfiere el vocabulario de varios códices a un inteligible lenguaje moderno. Subyacente, está la imagen literal de la mariposa con todas sus asociaciones transculturales (alma para los griegos, alma para los aztecas):

Itzpapálotl —del azteca, *itztli*, obsidiana, y *papálotl*, mariposa—, originalmente una deidad del culto a la obsidiana que se profesaba entre las tribus chichimecas, fue asociada más tarde con los alimentos y los alumbramientos como manifestación de la madre tierra, y también, desde el siglo XVI, con el culto de la Virgen de Guadalupe.

La Virgen de Guadalupe, ha dicho Paz reiteradamente, es un verdadero símbolo del sincretismo entre lo español, lo criollo y la cultura indígena; una imagen del México moderno en que Nissen ha vivido y trabajado cada día y al que ahora intenta codificar en su *Códice*.

El *Códice* de Nissen es una miscelánea en que se hilvanan sucesivas variaciones concebidas tanto en dos como en tres dimensiones. Encierra un proceso de interminable mitosis, semejante al que se da en las diferentes etapas del ciclo vital de la mariposa. Empieza por desplegar sus imágenes como un relato visual en que cada una está conectada con la siguiente en pliegues consecutivos como los de un manuscrito prehispánico desplegable. (Un sueño de Mallarmé al que Paz no sería insensible.) Luego incorpora a su acervo imaginativo la descripción de la mariposa de obsidiana, conocida como la mariposa de los cuatro espejos por las áreas transparentes de sus alas, que recuerdan puntas de flecha. ¡Espejos! Nissen diversifica entonces su tarea para establecer tina fuente antropológica de gente, lugares y costumbres tradicionales. Y así como los artistas prehispánicos se refieren a todo lo concerniente a su existencia, la cocina, la medicina, el comercio, los cultos, el tiempo del calendario y el tiempo cósmico, Nissen inventa una existencia. Vuelve al ideograma, uno de los más venerables portadores de sentido, para imantar el espíritu de la alegoría de Paz (porque la alegoría, con su centro en la palabra griega *allos*, otro, es aquí esencial). Nissen toma seis aspectos de la vida comunitaria: "Calendario", "Taxonomía", "Topografía", "Matemáticas", "Oraciones" e "Inventarios", basándose en los diferentes códices en los que los indios representaron su concepto del mundo cotidiano y su correspondencia en el mundo mítico. En la sección "Calendario" el motivo con que juega Nissen es la génesis de las larvas de los insectos. En "Taxonomía" se despliegan las clasificaciones. Nissen entreteje alusiones a la electricidad, los modernos circuitos electrónicos a los que asocia con sonidos (el crujir en que los insectos rasgan sus crisálidas, o el rápido chisporroteo de la obsidiana golpeada). "Topografía" incluye signos arcanos de viejos mapas, pero también el moderno recorte de periódico en el que se menciona el nombre de un poblado, Papálotl, sede del antiguo santuario de la diosa, y un mapa de nuestros días. En lo que sigue, Nissen recurre a su propia vida cotidiana en busca de la materia prima evocada por el lamento de Paz. La mariposa sufre numerosas metamorfosis y hace su aparición un emblema muy siglo XX, compuesto por tuercas, pernos y otras piezas, semejantes a talismanes, provenientes de alguna actual ferretería. A lo largo del panorama desplegable los motivos se repiten en movimiento (pero remitiendo siempre a las características morfológicas de la mariposa, con formas que se duplican —alas— en torno a su eje de simetría): herramientas, larvas, alas, máscaras, símbolos de mitosis, orugas, jeroglíficos e insinuaciones de artefactos prehispánicos —por ejemplo, alfombras de pluma. Todas estas figuras ideogramáticas sugieren las formas primarias usadas por los artistas prehispánicos, que solían reducir a abstracciones —discos, bolas, rectángulos— a toda clase de cosas y criaturas, componiendo con ellas figuras profundamente hieráticas. Nissen introduce objetos de su estudio, como tachuelas, tornillos, arandelas y cables eléctricos, que hace rimar con los objetos de un misterioso pasado. La deferencia de Paz por un rimbaudiano alfabeto alquímico, se refleja adecuadamente en el *Códice* de Nissen. Es obvio que Nissen responde a la notable destilación del tiempo, o mejor, de los tiempos, que con gran agilidad logra Paz en el poema desplazándose del tiempo mítico (*allá*) al histórico (*en ese lado del tiempo*) y a un tiempo que participa de ambos (*allí*). Cada uno de los símbolos míticos de Paz —torbellino, semillas, fuego, agua, aire, estrellas— recobran un ritmo en el contexto contemporáneo de la representación hecha por Nissen.

Cuando Nissen pasa de dos dimensiones a tres, sigue estrechamente atenido a la metáfora dominante de la mariposa: "Yo soy el centro fijo que mueve la danza".

En bajorrelieves y *collages*, la mariposa está siempre en ese centro fijo que sirve de eje a toda la composición. El elemento central hace una doble referencia: al firme carácter rectilíneo de las esculturas prehispánicas, y al lenguaje de la abstracción desarrollado en el arte visual del siglo XX. Los materiales de Nissen, enmascarados por la pintura, son ambivalentes. Tienen la apariencia polvosa del hallazgo arqueológico y el sello de lo provisional propio de la cultura del siglo XX. Si alguna imagen resulta familiar (y muchas recuerdan los aretes prehispánicos), su familiaridad no puede ser especificada. El artista evita los clichés bajando el tono en vez de acentuarlo. Sus colores, por ejemplo, no alcanzan nunca la saturación; son más bien pálidos, como huellas que se desvanecen de una superficie un día brillante. Granos de arena encajados en una superficie jaspeada nos remiten al poema, a su "montoncito de polvo". El polvo y los colores terrosos fluyen de una a otra obra, rara vez encendidos por la memoria del fuego.

En las esculturas pequeñas, Nissen no oculta que es, al fin y al cabo, un hombre de su tiempo, un artista que acepta el vocabulario formal y técnico transmitido por Picasso y González a David Smith y Anthony Caro. Pero estos hombres de su tiempo son los que viajan tiempo atrás y tiempo adelante, arrojando al sesgo una mirada llena de interés por los artefactos de otras épocas. Los reflejos visibles en el arte moderno son parte del significado de este arte. El motivo mismo de la metamorfosis está arraigado en la mente moderna, como lo está la noción de las correspondencias proveniente —como lo acepta Paz— de los padres del romanticismo. Para Nissen, que conformó sus esculturas de menor tamaño con la más maleable de las materias primas, la cera, las posibilidades de combinaciones conjugables por esta técnica aditiva le ofrecían la oportunidad de extrapolar elementos del poema o, mejor dicho, esas correspondencias de las que el arte moderno es un compendio. Fragmentos dotados de sugestión orgánica se yuxtaponen a fragmentos de origen geométrico. El procedimiento, que el espíritu moderno es tan afecto a subrayar, se convierte en protagonista. Un borde desigual, una masa de formas retorcidas de evidente origen biológico, una columna rota, un plinto en pirámide truncada, todo atestigua el carácter metafórico de la forma en este siglo. No por ello queda reducida al silencio ninguna de las imágenes de Paz: Nissen se las arregla para sugerir la flor y el fruto de la diosa, los huevos del insecto, las cuentas de piedra desparramadas por el polvo y aun las fatídicas monedas de cobre. En las esculturas grandes, Nissen hace otra referencia al *allá*. Sus formas se congregan sobre una mesa elevada que evoca al altar. La esbelta estructura que brota hacia lo alto para soportar su cargamento de alusiones al clima del poema, instruye al espectador. Esta escultura es una destilación tanto de una cultura como de un tropo. Las formas específicas deben ser leídas como un comentario continuo del carácter inexhaustible de la metáfora. La diosa nos dice: soy esto, pero también soy aquello. Es infinitamente plástica. Duplica, multiplica sus formas interiores. Es un espejo y una puerta al infinito y, al desdoblarse, entrega a la imaginación el sentido de las correspondencias. El artista plástico se apresura en pos de ella.

Paz completa su viaje a la Vico por el poema con esta consumada frase:"Allí abrirás mi cuerpo en dos, para leer las letras de tu destino."

Las finas alas de la mariposa serán separadas por su delgadísima junta, como un libro sagrado, y serán reveladas las letras del destino como lo fueron a Mallarmé, o a los lectores prehispánicos de esos textos desplegables que pueden recorrerse en dos sentidos; esos innumerables reflejos de reflejos, esas infinitas correspondencias hallarán una forma. Que Nissen prolongue el poema con una obra tan vasta, y por así decirlo letra por letra, es un tributo al principio de la reflexión, un tributo a Paz y un tributo a una gran tradición.

Dijo Picasso que de ser unidos por una línea todos los puntos de su horizonte personal, el resultado sería un toro. De ser unidos todos los puntos del universo de Paz, se obtendría en cambio un espejo. *Mirar y saber*: lo mismo para un artista visual que para un poeta, verbos de una eterna y alta constelación.

(Traducción de Ulalume González de León)

CÓDICE ITZPAPÁLOTL

DORE ASHTON

La antropología, al volverse lo suficientemente prosaica como para autodenominarse antropología, aportó un inquietante desafío al arte moderno. Se dice que en aquellos tiempos, los tiempos anteriores a la historia lineal, el arte no era Arte sino la expresión de toda una cultura. El arte prehispánico, por ejemplo, involucraba la existencia toda. Sus pintores y escritores hablaban de medicina, comercio, cocina, devoción, tiempo cronológico, tiempo celeste —todos los posibles aspectos de su vida. El artista moderno tomó triste conciencia de su limitada perspectiva y anheló recuperar el rico lenguaje comunal de las sociedades antiguas. A partir de fines del siglo XIX los artistas modernos empezaron a realizar actos de rescate, reconociendo la profunda necesidad humana de una continuidad espiritual. A menudo el artista moderno busca su piedra de toque volviendo a los principios, no puede haber arte que no se alimente del *continuum*. Los más deslumbrantes inventos sólo son legibles si lo familiar es planteado dentro de un nuevo contexto.

La invención de un códice moderno realizada por Brian Nissen es un acto de recuperación que no sólo revive el ideograma como rico portador del significado, sino que además se expande hasta reconocer la voz que a su vez ha reconocido otras voces. En su lectura del poema en prosa de Octavio Paz, Nissen se ha inspirado para hallar aún nuevas imágenes. La voz de Paz, imborrable, da sin embargo lugar al flujo de otras narrativas que, apropiadamente, no tienen ni principio ni fin. Al adoptar el tradicional formato del códice prehispánico —el libro en acordeón—, Nissen permitió que floreciera su método de libre asociación. Libre pero no informe, porque ha sabido ceñirse a un esquema, como los antiguos, y al así hacerlo ha logrado hablar de la simbólica mariposa de obsidiana en diversos contextos.

El poema que susurra bajo las páginas de este códice es en sí un compendio de historia, imágenes, mitos. Para hablar de otros misterios más, Paz invoca la mitología de la obsidiana con sus connotaciones de alma, espejo, cuchillo sacrificial, y sus rumoreados orígenes como rayo llegado del cielo. Es un poema histórico porque habla de una diosa caída, secuestrada por la historia a través de la conquista española. Es un poema transhistórico porque habla con la voz del encantamiento, y alude a los grandes temas eternamente renovados, los que solo pueden ser transmitidos en esa lengua de Orfeo que se dirige directamente al ojo y al oído. Habla el lenguaje de la metáfora —lenguaje cuya alma está arraigada en ideogramas y jeroglíficos que deben ser perennemente decodificados.

Nissen es fiel al espíritu del poema. Sus símbolos parten de los prototipos eternos de los códices prehispánicos pero son polivalentes. No ha olvidado que en aquellos tiempos, era a menudo el viento quien escribía y pintaba. Sus conjunciones de imaginaria visual y poética encierran siempre un misterio, porque muchos eran los misterios en los antiguos cultos. El lamento de Paz, a la vez temporal y atemporal, es el alma del códice de Nissen. Su cuerpo está constituido en secuencias legibles, por las imágenes que hablan, a la manera prehispánica, de seis diferentes aspectos de la vida comunal: calendario, taxonomía, topografía, matemáticas, oraciones e inventarios. Estas seis divisiones están basadas en diversos códices en los cuales los indios registraron su concepto del mundo. En el códice Nissen, la imperante metáfora de la mariposa de obsidiana reagrupa a todas las demás. Comienza con el calendario, donde juega con el motivo de la génesis y formación de las larvas de insectos, moviéndose luego a un juego taxonómico sobre la clasificación. Aquí, la mariposa es la instigadora de diversas asociaciones. Nissen hila con motivos electrónicos para sintetizar el elemento sonido (el crujido de los insectos emergiendo de sus crisálidas o el rápido juego de chispas cuando la obsidiana es golpeada) y la asociación contemporánea que se encuentra en todos los motivos antiguos. En la tercera sección, topografía, introduce un mapa y un recorte de diario en el cual aparece el nombre del pueblo de Papálotl, santuario original de la diosa. Una vez más, lo contemporáneo se diluye en lo antiguo, en una combinatoria de imaginerías, como en todas las subsiguientes secciones que conducen hasta la imagen final, francamente estipulada en términos contemporáneos: una mariposa compuesta de tuercas y pernos.

Diversos motivos se repiten a lo largo del códice Nissen, metamorfoseados como la mariposa para servir al contexto. Herramientas, larvas, alas, máscaras; símbolos de la mitosis, jeroglíficos y vestigios de formas prehispánicas tales como la versión taquigráfica de piedras en los antiguos manuscritos o la representación de tapices de plumas. Estos a su vez sugieren ciertas subsecciones modernas En la sección contabilidad por ejemplo, hay alusiones al vocabulario de los abstraccionistas de principios del siglo XX, cuyos símbolos estaban basados en metáforas y a cuyo "alfabeto arrasado" se le brinda aquí tributo. Si Nissen introduce objetos de uso cotidiano tales como chinchetas, tornillos, lavadoras, circuitos electrónicos, es para hacerlos rimar con imágenes extraídas del pasado, juntándolos en un gran *continuum*. Así como la diosa de Octavio Paz es una con su espejo, así los reflejos en este compendio de imágenes son uno con el tiempo —aquellos tiempos y estos.

Vico, el asombroso filósofo del siglo XVII, creía que los hombres cantaban antes de hablar, y hablaban poesía antes que prosa. Comprendió que en su lenguaje metafórico, "los universales imposibles", como los llamó, sobresalían radiantes. Imágenes compuestas por elementos en apariencia incompatibles eran en realidad voceros del mundo. El artista, el poeta, acopla objetos e ideas en una única imagen concreta que puede ser leída por aquellos que conocen el lenguaje. Nissen ha graduado su códice de tal manera que su vocabulario básico ilumina el todo. Las imágenes nodales del poema de Paz —torbellinos, semillas, fuego, hojas, animales, insectos, piedras— proveen a Nissen de material para sus universales imposibles. En su serie de grabados que acompaña al poema, la mariposa emerge con los ojos de un dios azteca, las alas están marcadas con un circuito electrónico que sugiere el fuego original, las larvas son como átomos. Sin embargo el todo, en su simetría similar a la piedra, es una alusión a los verdaderos prototipos aztecas que aparecen en pinturas y en piedras.

Valiéndose de las formas de los objetos dispersos por su taller como de universales, Nissen ha asumido el papel de recuperador y de mitólogo. Incluyendo el disco con la música de la palabra de Paz y con la música atribuida por Charles Santos a otras épocas cuando eran divinos los sonidos del insecto, Nissen ha logrado redondear sus sujetos y rodearlos de un tiempo sin tiempo.

(Traducción de Luisa Valenzuela)

CHINAMPAS

DORE ASHTON

Son muchos los senderos que atraviesan los jardines de Brian Nissen. ¿Voltaire se hubiera sorprendido? La última oración del *Cándido* está cargada de un polémico sentido: "hay que cultivar nuestro jardín". Nissen sabe de su esencia. (También sabe de la ironía de Voltaire al describir el Paraguay conquistado por los jesuitas: "los reverendos padres son dueños de todo el territorio, el pueblo es dueño de nada, eso es lo que llamo una gran obra de razón y justicia.") El jardín de Nissen surgió tiempo antes de las depredaciones de los conquistadores, y desde entonces, se ha resistido a cualquier forma de asalto. Funciona como se planeó originalmente, proporcionando forraje y placer.

Como es su costumbre, Nissen utiliza como eje de sus obras una metáfora con muchos reflejos colaterales. Su imaginación es como una semilla acarreada por el viento, que misteriosamente encuentra siempre el terreno más propicio para germinar. Uno de los senderos que condujeron a la serie *Chinampas* fue iluminado cuando Nissen descubrió el origen de los jardines botánicos en un inusitado libro, al leer que "la gran era de los jardines botánicos siguió al descubrimiento del Nuevo Mundo". Fue el siguiente pensamiento de John Prest, en *El jardín del Edén, el jardín botánico y la recreación del paraíso* el que estimuló la imaginación de Nissen: "El jardín era una enciclopedia. Como tal era un *libro* desplegado en páginas *impresas* u *ordenadas* como referencia".

Dicho libro con su carga de materia viva y su exhibición de un *theatrum botanicum* hizo que los pensamientos de Nissen se volcaran hacia Xochimilco, lugar parecido a una ficción del paraíso, con páginas cargadas de la historia del trabajo y la intervención humana. Las islas de lodo y materia viva de Xochimilco, congruentes con su propósito, se convirtieron en el símbolo del ideal de Nissen. (Cuando en el siglo XVII surgió el jardín botánico en Oxford, tomó cuatro mil cargas de guano y abono replicar, entre otros, los tesoros del Nuevo Mundo).

LOS SENDEROS

Habiendo sido un joven viajero en las islas griegas, hastiado de la cultura clásica, Nissen llegó por primera vez a México en 1963. En espíritu permanece allí. Inmediatamente encontró inspiración en esa extraña cultura con su inexplicable mezcla de fuerzas vivas precolombinas, criollas y españolas. Supongo que su primera impresión no fue distinta a la del cronista de la conquista Bernal Díaz del Castillo:

> Y desque vimos tantas ciudades y villas poblados en el agua, y en tierra firme otras grandes poblazones ... y aun algunos

de nuestros soldados decían que si aquello que vían, si era entre sueños, y no es de maravillar que yo lo escriba desta manera, porque hay mucho que ponderar en ello que no sé cómo lo cuente; ver cosas nunca oídas, ni vistas, ni aun soñadas, como vivíamos.

Por muchos años Nissen ha abrevado de su inagotable capacidad de sorpresa, explorando la cultura y los monumentos que el conquistador "no sabría como contar". A pesar de no tener un temperamento metódico y de actuar más bien activado por intuiciones, puede decirse que su método es similar al de la "analogía universal" de Baudelaire. Esto se aplica sobre todo a la forma en la cual convierte los hechos históricos en ficciones artísticas. Nissen está dotado de un vivaz sentido de la historia que le permite transitar fácilmente del antes al ahora, del aquí al allá, para encontrar un sinnúmero de correspondencias y luego, por medio de su instinto creador, darles forma.

LABERINTOS

Uno podría decir que es laberíntica la forma en la que Nissen imagina. Se sumerge en un aspecto de la historia viva de México y a partir de allí sigue una complicada ruta de exploración que eventualmente genera proyectos de trabajo. Las exploraciones previas de Nissen, aunque no concebidas inicialmente como "proyectos", siempre se han consolidado en un todo articulado, como el que llevara a Octavio Paz a comentar al salir de una exposición suya que había sido una especie de colaboración entre ambos:

"Más que tratarse de una exposición de obras, la exposición misma es una obra".

La primera obra notable basada en el método de analogías universales fue la ingeniosa reinvención que hiciera Nissen de un códice precolombino, el *Codex Itzpapálotl*, en 1980. Imitando los pliegos de los códices, Nissen creó un alfabeto de símbolos antiguos y modernos que aluden a todo lo habido y por haber en la cultura mexicana, de mitos precolombinos y mapas, hasta los registros de la energía eléctrica en los artefactos modernos. Pero no se quedó ahí. Continuó respondiendo a las imágenes del poema "Mariposa de obsidiana", de Octavio Paz, con una extensa serie de esculturas, pinturas, dibujos y relieves. Casi una década después, Nissen se embarcó en un viaje hacia Atlantis, encontrando una analogía entre las visiones platónicas de Atlantis y las exclamaciones de sorpresa ante el Nuevo Mundo en el siglo XV. El gran grupo de obras incluyó pinturas, esculturas y mapas gigantescos en los cuales el artista hizo agudas referencias a la iconografía mexicana así como a fuentes europeas, como la minúscula indicación al "naufrage du Bateau Ivre". La muestra iba acompañada del tenue sonido de cantos de ballenas, que Nissen describió como "gemidos y lamentos". Este exhaustivo mapeo, de múltiples dimensiones, fue seguido casi inmediatamente de las primeras esculturas de *Chinampas*.

SENDEROS DE AGUA

Xochimilco. Parecerían islas flotantes, pero más bien son creaciones atracadas en las aguas del lago de México —en apariencia atracadas para siempre. Todavía hoy sus pobladores se desplazan en canoas frágiles, deslizándose sobre los senderos de agua de una a otra página del libro de las maravillas botánicas. No sólo los frutos y legumbres perfuman al aire, sino también las exuberantes parcelas de flores destinadas a adornar las mesas de la ciudad de México y sus alrededores, como siempre lo han hecho.

La poesía náhuatl registrada en el siglo XVI nos muestra el deleite que los feroces pobladores del valle encontraban en las flores:

Titlapalizquixochitl Aya ticueponticac in Mexico nican Huiya
(Eres roja flor de maíz tostado: abres tu corola aquí en México)
Titlapalizquixochitl Aya ticueponticac in Mexico nican Huiya
(Eres una roja flor de pluma: abres tu corola aquí en México)
Tonatuiztiamani ni cemanahuac in tepan moteca
(Está derramando tu fragancia aquí en México)
Zantoconya ehua Mexico nican moxochiuh tonatimani
(Cuando tú lo elevas aquí en México es flor luce cual sol).
("Elogio de un poeta". *Cantares mexicanos.*
Versión al español de Ángel María Garibay)

Las flores, metáforas de la poesía, emergen de un manto en el que se han depositado siglos de lodo. Los ritmos que cuenta el artista —de las aguas revolviéndose, de los días y las estaciones, del viento y la brisa de la tarde— quedan reunidos en jeroglifos, alegorías. No son cuatro sino varias las orillas de la tierra que descansan sobre el agua.

REFLEXIONES

La obra de Nissen es abundante en reflexiones. Y ampli-ficaciones. ¿Qué mejor que el agua, el origen de Narciso, la metáfora más antigua, para aludir a un imaginario de ficciones provechosas? No es en vano que las chinampas creadas por el artista descansan sobre espejos que refrac-tan y amplifican su idea original. Los espejos no sólo siempre han seducido a los artistas, como Van Eyck, Veláz-quez y Picasso, sino también a poetas, especialmente a Paz, cuya obra Nissen conoce muy bien: "los reflejos son también reflexiones". Y en el extenso significado de los espejos, Nissen reflexiona mientras concibe cada pieza. Entona metáforas al llamar a una el *Jardín de los murmu-ros* y a otra *Jardín de los vientos*, instituyendo un movi-miento de todos los sentidos mientras se desliza, como una delgada canoa de Xochimilco, sobre los cuadricula-dos senderos de agua.

Este ensueño de Xochimilco, extendido hacia tantas di-mensiones, demuestra también la labor artesanal de Nis-sen, así como su conocimiento del carácter distintivo de los materiales que utiliza. En sus islas imaginarias, trans-formadas en presencias de bronce, hay alusiones a formas clásicas precolombinas —siempre más enfáticas, más ru-gosas que las onduladas creaciones de la Grecia clásica. Al producir una metamorfosis (aún otra) de la cera al bronce, Nissen sugiere la inmutable permanencia, lo ine-fable de ciertas formas aztecas que van desde un funcional silo a las ficticias formas de los dioses y las diosas nativas. Incluso formas tan sencillas como las de chícharos y vai-nas son, al forjarse en bronce, transformadas en algo tan severo y sagrado como un altar azteca. Cuando Nissen pasa a la madera también adquiere permanencia, como en la columna vertical *Katún*, con su estricta simetría. Este calendario vertical (la palabra *katun* representa una medida en el calendario de cuatro años) ha visto pasar muchas estaciones, y perdura.

Las islas, ya sea representadas en bronce o de manera más volátil en cerámica, están dotadas de otras imágenes extraídas de la época precolombina. Todo sugiere misterio —figuras geométricas en forma de pelotas, pirámides, rampas, caminos, escalinatas y brotes vegetales imposibles de clasificar. Bajamos nuestra mirada y la trama se desenvuelve, o casi lo hace, como diría Nissen, como las páginas de un libro.

REFLEXIONES SOBRE REFLEXIONES

Este libro todavía tiene otros capítulos sobre el proceso de creación de las chinampas. Siglos atrás, y aún hoy día, los talentosos jardineros mexicanos que inventaron la forma de cultivar las aguas se dedicaron a crear islas mediante una ingeniosa técnica. Enterrando palos en el lago, crearon una especie de telar para entretejer juncos que sostendrían un manto saturado de lodo y materia orgánica extraída del fondo. Los chinamitls son la base de los campos de Xochimilco, y la fuente de algunos de los trabajos más imaginativos de Nissen. Utilizando toda clase de materiales —cartón, madera, tiras de papel, pintura, pigmentos y tinturas— Nissen crea relieves suspendidos que obligan al espectador a tomar un punto de vista extraño: debe ver hacia arriba con tal de mirar hacia abajo y observar la variedad de chinamitls. Desde esta perspectiva oblicua puede percibirse todo tipo de matices —la fusión de luz, color, vegetación, textiles y las refracciones en las aguas profundas. Estas piezas son abstractas en el verdadero sentido de la palabra, ya que Nissen ha abstraído de su experiencia en Xochimilco las sensaciones esenciales que generan las vistas prodigiosas. Tanto su antigüedad como su actualidad hablan un lenguaje visual.

No todos los europeos se regocijaron ante la construcción de los primeros jardines botánicos. En *The Mower Against Gardens*, Andrew Marvell (1621-1678) se lamentaba de cómo los jardines nuevos negaban la parte "donde la naturaleza es más simple y pura" y pensó: "La fuente, la tierra; todo subyugado/ Al tiempo que el dulce campo yace olvidado". De haber conocido Xochimilco, habría encontrado consuelo, ya que como Nissen demuestra en esta elaborada exposición, los campos de Xochimilco, al ser producto del ingenio del hombre, son tan simples y puros como la naturaleza misma, ya que están irrigados y fertilizados por el medio mismo en el que crece.

(Traducción de Mónica de la Torre)

SABE NISSEN

GUILLERMO SHERIDAN

Las criaturas de Brian Nissen han sido atrapadas, con la red del dibujo, del mar del regocijo. Todas están sonriendo. ¿Por qué? Hace años, Octavio Paz apretó una definición del arte de Nissen en una frase tajante: "formas arrebatadas por un soplo entusiasta".

Este puro bienestar en efecto tiene algo de soplo, ese aliento en acción que infunde vida y gracia en lo que toca. Los dibujos al voleo de Nissen están animados, tocados de ánima, extrañamente soplados hacia su sede de papel. ¿Será por azar que en algunos de los dibujos la pluma esté en la boca?

No es, ni quiere ser, un pantocrátor. Su alegría quizás radique más en la pluma que en la mente, en la mano que en la imaginación. Hay una suficiencia pueril, una autonomía que quizás esté en la mano, en una etapa de la mano en la que aún no interviene el artista. Es un artista que hace lo que se le da la mano. Algo de esta sensación se origina en el aire fortuito de los dibujos, con su dejo de gimnasia, de calentamiento, de vocalización previa: el manguillo en paréntesis, de recreo.

Nissen mira lo que hace su mano con una sorpresa mayor a la de sus espectadores. La forma en que un dibujante mira lo que hace es muy distinta a la del poeta, el chelista o el coreógrafo. Tiene a su favor la naturaleza consumada de su arte, su suceder instantáneo, impermeable al latoso ingrediente del tiempo o la impredecible ejecución. Tiene a su favor el ánimo lúdico del dibujo, y acaso un poco de su irresponsabilidad. Un buen dibujo no le rinde cuentas a nadie.

Las formas del dibujo surgen de un caldo de íntegra libertad, de ese milagro, nimio y hechizante, de correr la tinta por el papel (o por el muro de la celda). Nace y se consume en una libertad instantánea, de la que el traslado al papel es a la vez obra y testimonio. Una libertad inflamada por el inagotable depósito de lo posible. Un ámbito de esa libertad que se expande y necesita de pronto la sangría de un dibujante que la alivie.

Boceto suficiente, viñeta a vuelapluma, borroneo ocioso, la inercia de la mano interrumpida por una llamada telefónica, la ceremonia de un gozo tenaz y diminuto, el tentempié visual. Un entusiasmo que no viene necesariamente del dibujante, un gozo que quizás lo antecede: el entusiasmo de proliferar en un limbo larvario de párpados, pezones, perros, penes, parejas en espera de volver a ser batracios.

Nissen es un privilegiado huésped de esa libertad en ebullición. Se sumerge en el arroyo del entusiasmo. A veces regresa con delicadas pinturas y nutridas esculturas; a veces, con ingeniosos libros anfibios. A veces, con estos dibujos que nos llevan de la mano, como a él, hacia ninguna parte. Una parte dichosa e irrelevante: un soplo puede ser también un estornudo liberador. Salud.

(Revista *Paréntesis*, enero de 2001)

Montse Pecanins, Vivian Rozental, Brian Nissen, Sylvia Lemus
y Carlos Fuentes frente al mural *El Mar Rojo*, 2005

MAR DE LUZ

PARA CRUZAR CON LA MIRADA, *EL MAR ROJO* DE BRIAN NISSEN

ALBERTO RUY SÁNCHEZ

El Mar Rojo es una obra inmensa y envolvente. Casi no puede ser retenida de un solo vistazo. Se vuelve necesario recorrer de lado a lado sus cuarenta metros de largo, construir en la mente poco a poco la inmensidad de sensaciones que nos ofrece. Antes de tenerla de frente se nos presenta en perspectiva lateral. Así se ve más larga todavía. Y los elementos variados, las curvas múltiples que la forman hacen un dramático escorzo ante nuestros ojos: se estiran hacia donde estamos para alcanzarnos.

Detrás de ese puño de curvas inmediatas, una perspectiva impresionante de olas pequeñas y grandes a lo lejos. La sensación de su longitud nos recuerda la visión de un horizonte, sin duda de dimensiones marinas.

Es como si un extenso muro blanco convirtiera su piel en un mar agitado que se levanta escalando el cielo. Y como si este mar estuviera hecho de resplandores y de sombras. Como si el mar siempre fuera luz, sólo luz agitada, blanca e incandescente.

El efecto se multiplica al reflejarse sobre el ancho piso de mármol que corre frente al muro de luz, entre ese muro y nosotros. El retrato especular es perfecto porque crea un efecto de caleidoscopio y no sólo duplica sino que encierra trazos, nos envuelve aún más, fortifica el tejido de formas sueltas multiplicando el oleaje ante, sobre y bajo nosotros.

Ya mirando al mural de frente, sin mucha distancia para retroceder y tomar una perspectiva de verdad alejada, la dimensión humana sigue siendo completamente desbordada. Estas olas están siempre por encima de quienes las vemos: hacen referencia sensorial a lo incontrolable del mar. A lo incontrolable de la naturaleza rabiosa.

Pero aunque tienen esa gran dosis de fenómeno gigantesco, estas olas a la vez conservan una medida estética perfecta. Me recuerdan, con las enormes diferencias guardadas, la sensación que produce ese bellísimo grabado de Hokusai: *Bajo la ola de Kaganawa*, o *La Gran Ola*. Olas en varios planos crean una profundidad de escenario, con el monte Fuji al fondo, reducido por la distancia a una parte proporcionalmente diminuta de la escena con respecto al tamaño de la ola voraz y amenazante. Si lo inmenso es tan pequeño la ola se siente más poderosa y amenazante. Pero aparte de esa comparación debida a las distancias hay otro factor que debe ser considerado. En el grabado de Hokusai lo desmesurado del mar conserva una perfecta proporción áurea y el bocado del mar hambriento dibuja con sus fauces una espiral. La composición secreta, o por lo menos discreta, intensifica la desmesura de la superficie. Y lo mismo sucede, de otra manera, con la dramática apariencia excesiva de *El Mar Rojo* de Brian Nissen: su armonía intrínseca, implícita, es un prodigio de composición. El conjunto y cada fragmento lo son.

De frente, los cuarenta metros de muro, mucho antes de tener este mural, fueron diseñados por el arquitecto del edificio como una superficie de luz corrida. Esta viene desde el techo por un tragaluz que no se nota sino por la luz. Superficie muy larga pero que a la vez está dividida por cinco rectángulos marcados por unas columnas rectangulares que no están adosadas al muro sino un poco más adelante, más cerca de nosotros, enmarcando una especie de balcones o de saltos hacia la luz. Así cada uno de esos rectángulos le da a Brian Nissen la oportunidad y el reto de componer fragmentos sin romper la continuidad del fondo sino al contrario, acentuándola. El tablero central tiene más piezas y más pequeñas. Como el sitio donde la agitación mayor se concentra. Y justo en el medio, una U, como un canal discreto señala simbólicamente el paso seguro de una existencia frágil entre lo desbordante de las aguas.

Cada fragmento tiene un recurso de proporción exacta, formando de esa manera a la vez un políptico. Recurso de composición que logra no hacer sentir a las columnas como estorbo frente a la composición corrida al fondo sino como soporte de ella. Es como un tablero gigante hecho de cinco grandes cuadros, conectados en impecable continuidad atrás de las columnas. Políptico con una escena central donde el mar se abre y dos escenas a cada lado, en donde el mar está hecho de piezas más grandes, en movimiento y proporción simétricas a cada extremo pero haciendo cada elemento muy diferente de los otros. De nuevo, cada uno de los cinco rectángulos es diferente y es evidentemente parte de lo mismo. Todo eso nos da simultáneamente la sensación de armonía y de movimiento desenfrenado, de acción detenida, de composición que pinta aquello que en la naturaleza bravía se descompone, de mar que se abre, de un milagro.

Si esta forma de composición tuviera un nombre tendría que llamarse "Revelación". En ese sentido, *El Mar Rojo* tiene algo de un ícono gótico perfecto, inmerso en la tradición más reconocida de pintar las huellas, los rostros o los efectos de lo sagrado con un eco bizantino. Nos muestra un instante en el que aparece lo excepcional en el mundo corriente. La acción de lo divino o sagrado en medio de lo natural, lo imposible vuelto posible. Lo que era dorado y metálico en la tradición icónica aquí es luz intensa. Pero allá también lo era. El resplandor de los santos en los íconos tenía la intención no de presumir el valor monetario del oro sino de mostrar un áurea excepcional. Luz, todo luz enmarcando a lo único.

Así, en esta obra sorprendente y agradablemente extraña pasamos de la sensación envolvente de formas a la sensación de presenciar un instante único. Pasamos del aparente caos de la materia a una sensación armónica de epifanía. No es un relato sobre un mar que se abre, una representación de una escena mítica, sino un mar que se abre ante nuestros ojos.

Y así, este ícono de esencia gótica va luego más adelante en sus herramientas y recurre al principio del arte barroco según el cual se puede llegar a lo espiritual a través de la forma desmesurada. Lo sensible nos lleva a una conmoción tremenda que puede conducirnos por el flujo de su desbordamiento hacia intensas sensaciones de trascendencia. No es el contenido sino la forma lo que nos lo dice. En lo barroco se llega a Dios a través de la forma, a través de los sentidos, no tan sólo por el contenido depurado de formas, como lo establece la reforma protestante, reverso de la contrarreforma barroca.

Pero este *Mar Rojo* va mucho más allá porque fue forjado desde el arte contemporáneo, en un momento de intensa laicización de las formas. Lo que se convierte en una sacralización distinta, de otro tipo más radical, compenetrada en la esencia misma del arte. Tal como lo explica P. Régamey (en *El arte sagrado del siglo XX*):

> Toda obra de arte digna de ese nombre está marcada por cierto carácter sagrado, en un sentido muy general y profundo. El arte accede a lo sagrado desde el momento en el que es soberano, desde que alcanza cierta plenitud, desde que se despoja y rompe claramente con una visión banal de las cosas.

Cuando el arte rompe con las representaciones realistas y simplistas de anécdotas bíblicas por ejemplo, cuando el potencial del arte es liberado de esos atavismos, el arte nuevo logra alcanzar paradójicamente lo sagrado. Como lo había hecho por otros medios el arte antiguo.

Como además este mural escultórico es arte abstracto, añade a sus herramientas plásticas el principio de la espiritualidad en la forma que supo manejar admirablemente Mark Rothko en su capilla de Houston y en sus múltiples superficies de deslumbramiento. En los cuadros de Rothko cada color es más que color, es una epifanía. La forma abstracta hoy en día está más cerca de las antiguas representaciones de trascendencia porque el arte figurativo se empobreció desde el siglo XIX al convertirse en ilustración y dejar de lado la fuerza de conmoción que tienen las formas puras.

El arte religioso dejó de ser arte cuando renunció a la fuerza de la forma y se preocupó únicamente por retratar un contenido: ilustrarlo. Olvidó su poder de ser una realidad y no tan sólo retrato o representación de una realidad. Eso recuperó Rothko y más allá todavía reinventa de otra manera Brian Nissen en esta escultura mural donde su materia es la luz volviéndose sensación de agua atormentada que se detiene y se abre en su momento más incontrolable.

Menciono así tres momentos claves del arte de lo sagrado: que junto con otros confluyen, me parece, en esta obra llamada a ser paradigmática. Una obra que será sin duda una referencia ineludible en esta línea de la historia del arte donde las formas apelan a la espiritualidad renovando sus recursos y, literalmente, van mucho más allá de lo antes alcanzado.

Este mural de Brian Nissen es una de esas pocas obras en la historia del arte que están forjando un lenguaje. Que establece nuevos límites y maneras de existir. Un lenguaje estético que después podrá ser más o menos imitado, utilizado, tal vez evocado como recurso formal de reconocimiento de una colectividad que, si tiene sensibilidad, en estas formas se religa. Literalmente, se ilumina.

El vínculo del arte con la luz tiene infinitas implicaciones y ecos. En el nivel más elemental es revelación: nos permite ver otra realidad. Luego actuamos sobre esa visión o en ella y podemos jugar con la luz, como se puede jugar con el barro. Y Brian, como sabemos, tiene un gran sentido del humor y un intenso sentido lúdico de la vida. En esta obra juega con la luz introduciendo planos blancos que la ofrecen a la mirada de mil maneras y producen una metáfora luminosa del mar.

Estando en la luz, además de jugar con la luz, nos bañamos en luz. La luz se convierte en otras cosas: puede ser agua en movimiento, como nos lo parece aquí, por ejemplo. Cada una de las piezas en esta escultura mural es una manera de tocar a la luz para convertirla en un oleaje, para acelerarla en un fluido activo de luz.

El arte donde la luz es primordial con mucha frecuencia se vuelve un arte de implicaciones religiosas porque la luz se torna metáfora del sentido de la vida y, simbólicamente, imagen de aquello que nos trasciende.

En un templo, por ejemplo, como las catedrales góticas, la arquitectura forma una especie de teología donde la luz es elemento primordial. Todo orienta gradualmente nuestros pasos dentro del edificio, cruzando por zonas de luces y de sombras alternadas, hacia el sitio de iluminación máxima. El punto donde, en el ritual de esa religión gótica, la materia se transforma en divinidad. Y esa idea de la luz se conserva en la teatralidad barroca de los rituales del siglo XVIII. Ya en el siglo XX la luz retoma una vocación más elemental haciéndose eco de rituales y visiones consideradas primitivas: más auténticas y más fascinantes para los artistas y sus seguidores.

En la actualidad es difícil encontrar arte que, como aquel, tenga un sentido religioso profundo pero exista, un sentido no superficial ni ilustrativo. Porque el arte verdadero nunca es llana ilustración de pasajes o episodios de cualquier religión. No es un elemento decorativo. Una buena parte del arte del siglo XX se esforzó por recuperar, de las artes de culturas antiguas, eso que, según el historiador André Chastel, tanto Duchamp como Breton, Matisse como Chagall, y Klee como Rothko llamaron de diferentes maneras "la frescura de un mundo perdido donde el arte y sus poderes rituales no estaba al lado sino en el centro de la sociedad, en el alma de la actividad comunitaria que da sentido a la vida".

El arte, hecho sinceramente, con inteligencia y con talento, es siempre un diálogo corporal, un acto de contrapunto o confluencia temática de los espectadores del arte con esa otra forma de palabra que siempre es la materia en que éste se hace. Un diálogo intelectual y sensorial a la vez, utilizando por ejemplo el lenguaje de la luz. Como en este caso. Un arte completo, decía Gauguin, eleva la riqueza de los símbolos y se vincula con los mitos más antiguos. Recupera la vitalidad del arte sólo a través de la materia, de las formas que la materia toma.

Cuando tuve las primeras noticias de esta escultura mural de Brian Nissen me sorprendió, por supuesto, la dimensión del reto. Y me intrigó especialmente porque conozco su trayectoria y sé que siempre ha sido un artista que da respuestas muy originales a grandes retos. Al decir esto no me refiero solamente al tamaño grande de sus obras. Sino a la manera de replantear en cada momento su trabajo como creador. Algunas obras, muy pequeñas, son también respuesta creativa a una pregunta que le plantea la materia y que él siempre resuelve dando todo de sí y con sensible inteligencia. Toda su obra está hecha de respuestas sorprendentes a retos que de pronto lo apasionan y lo ocupan obsesivamente durante periodos de su vida.

Otros artistas crean por un sistema de proliferación de lo mismo. Algunos otros establecen un sistema y lo conjugan o derivan hasta donde pueden obtener variantes. Brian pertenece a un tipo de artistas en quienes la sensibilidad es guiada por la intuición y la inteligencia de tal manera que en cada etapa de su vida creativa replantean el sentido de su arte y por lo tanto su manera de estar en el mundo.

Al hablar de este *Mar Rojo*, mucho antes de que tomara forma, Brian mencionaba sobre todo la luz que hay en este espacio. Cualquier otro artista se hubiera sentido llamado a plasmar figuras y colores o materias endurecidas. La materia primordial que reta aquí a este escultor inteligente y excepcional es la luz, no la piedra, no el metal, como en otros casos. Y por supuesto eso incluye al tema, que viene luego integrado a su concepción de la luz.

Escultura de luz, escultura cambiante al correr el día. Escultura religiosa en el sentido más profundo del término sin renunciar nunca a los potenciales del arte sino muy al contrario, renovándolos, aumentando sus verdaderos logros. Al milagro, a la epifanía, al surgimiento de lo excepcional entre lo común, en el mundo del arte se le llama "obra maestra". Y, sin duda, nada mejor para hablarnos de manera convincente, conmovedora e inteligente, de otra epifanía.

Manantial

CERA PERDIDA /
OBJETOS ENCONTRADOS
LAS RELIQUIAS DE BRONCE DE BRIAN NISSEN

ELIOT WEINBERGER

I

"La buena escultura", escribió Ezra Pound pensando en Gaudier-Brzeska, "no se da en una época de decadencia. La literatura y la pintura pueden ser los frutos de tales épocas; pero en una época de decadencia los hombres no tallan la piedra". Esta afirmación, aunque demasiado terminante —y escrita, para sorpresa nuestra, a pesar de un hecho cercano y evidente: aquel maestro de la talla en piedra acababa de hallar la muerte en una guerra sin sentido—, encierra sin embargo alguna verdad.

Los períodos de decadencia implican un presente absorto en sí mismo, un presente que tal vez ansía recobrar ciertos momentos perdidos de la historia, pero en el que la historia se ha rarificado y el conocimiento, las creencias, las costumbres, las raíces de antaño han perdido su vitalidad. La religión se vuelve superstición, las costumbres se confunden con un artículo de consumo, los tabúes se convierten en práctica común. Que en los periodos de decadencia se siga produciendo literatura y pintura puede deberse, en parte, al simple hecho de que sus materias primas tengan tan poca historia. Escribir (en Occidente) es usar el lenguaje de nuestros contemporáneos, que por estilizado que sea no es sin embargo anterior al de nuestros abuelos. Y al pintar utilizamos materiales que datan apenas de hace unos cuantos siglos o unas cuantas décadas atrás: óleo, acuarela, acrílico. Pero esculpir —literalmente labrar o dar otra forma a la piedra, la madera, la cera— es trabajar con nuestras manos una antigua materia prima, es decir, permanecer en el presente e insertarse simultáneamente en un *continuum* que tiene origen en lo arcaico.

Trabajar el bronce, como lo hace Brian Nissen, es sumergirse en un procedimiento que no ha sufrido ningún cambio desde su invención, en Egipto, en 2600 antes de Cristo. Es crear objetos que —por muy nuevos e idiosincrásicos que resulten por su forma— no difieren por sus moléculas ni por el acto que los hizo aparecer de los centauros alados de Anatolia y las cabezas de toro provenientes de Ur, las hachas cretenses de dos filos y los cascos corintios, las cabezas sajonas con ojos de plata, los aguamaniles persas grabados con figuras de amantes y las corazas con inscripciones del Corán, las lámparas etruscas de aceite adornadas con soles erizados de rayos, los bajorrelieves de cacerías esculpidos en Vacé, las campanas y tambores y las copas de altos pies de la dinastía Chang, los pájaros de largas colas de los Chou, sus naves cubiertas de meandros e interminables volutas, sus máscaras de monstruos con aros por agarraderas, sus cuchillos y dagas con cabezas de animales por empuñaduras, sus cascabeles, adornos y ensambladuras para los arneses de las caballerías, los espejos provistos de la inscripción "Que nunca nos olvidemos el uno al otro" con que enterraban a la nobleza de Han, los escudos de Battersea y las cubetas célticas, las hachas guerreras de Luristán, los aurigas griegos, los reyes de Nínive, los portales del palacio asirio de Balawat, Marco Aurelio a caballo, las puertas de Santa Sofía en Bizancio y de San Zeno en Verona, las palmatorias pascuales de siete brazos de Reims, las pilas de bautismo góticas, las arañas de luces y los atriles en forma de pelícano del arte románico, los sahumerios partos, los aguamaniles moriscos en forma de leones, los ojos enormes y las miradas en blanco de las máscaras y las cabezas de Benín, las linternas con figuras de Boddhisattvas músicos hechas en Nara, los caramillos de Banum semejantes a pilares totémicos en que se hacinan lagartos y antepasados, los santos y los milagros de las puertas de Pisa, las lámparas del Renacimiento, con la forma de un pie o la de un hombre con la cabeza metida entre sus piernas (o en salva sea la parte), las láminas grabadas por Donatello, las bailarinas de Degas, el ensimismado pensador de Rodin, las filigranas de los canastos de flores de Kamakura y las cuatrocientas libras de la estatua de Napirassu, reina de Elam, que ya tiene trescientos años y, aunque hoy sin cabeza, muestra aún sus manos delicadamente cruzadas. Objetos nacidos de un matrimonio tradicionalmente celebrado: el del cobre y el estaño, cuyo oficiante, el forjador, era reverenciado y vilipendiado, sujeto como estaba a los mismos tabúes que los sacerdotes. Objetos nacidos tras un proceso que ha sido visto siempre como una metáfora de los misterios sagrados: la cera, modelada primero y encajada en arena, arcilla o yeso, se hornea después hasta que su materia se

consume y sólo queda el molde en que el bronce es vaciado. "Cera perdida": únicamente cuando ya no hay nada, cuando alguien ha creado una nada, puede ser consumada la obra.

"La escultura", dijo Brancusi, "no es cosa para jóvenes".

II

A esto debemos añadir, al considerar la obra de Nissen,
otra capa de la historia: la del Nuevo Mundo —que fabri-
có bagatelas de bronce, pero que nunca tuvo una Edad
del Bronce— antes de su contacto con el Viejo.

Nissen, nacido en Inglaterra en 1939, llegó a México a
la edad de veintitrés años, vivió allí diecisiete, y hace desde entonces frecuentes viajes a ese país. Hay que añadir
también a todo un linaje de británicos que lo precedie-
ron: Thomas Blake, que estuvo en Tenochtitlan sólo trece
años después de llegado Cortés; Robert Tomson, que en
1556 profetizó acertadamente que aquella sería algún día
"la ciudad más populosa del mundo"; Thomas Gage, ese
meticuloso observador del siglo XVIII; Frederick Cather-
wood, descubridor y gran ilustrador de las ruinas mayas;
la cronista de los salones del XIX, Frances Calderón de la
Barca, escocesa que contrajo matrimonio en el seno de la
buena sociedad mexicana; el arqueólogo Alfred Mauds-
lay; Henry Moore, que se apropió de la figura reclinada
del Chac Mool maya-tolteca; la surrealista Leonora Ca-
rrington; Lawrence, Huxley, Waugh, Greene, Lowry; y las
legiones anónimas de eruditos y bohemios, de hasta entonces reprimidos hedonistas, de misioneros, alcohólicos,
xenófobos y aristócratas que se identificaron con los na-

turales —los que escapaban de algo y los que iban en busca de algo.

Nissen, llegado de la Inglaterra postimperial, descubrió en México la vivacidad —una vivacidad que incluye la obsesión por la muerte— y la unidad, todavía patente en las regiones más aisladas, de la vida y el arte. (Antonin Artaud: "En México, ya que hablamos de México, no hay arte: las cosas son hechas para usarlas. Y el mundo está sumido en una perpetua exaltación".) Descubrió, sobre todo, la historia indígena. Tres de las formas utilizadas por los precolombinos para expresarse son esenciales en la obra de Nissen: el glifo, el códice y el templo. Sus elaboraciones son pasos hacia la obra de Nissen.

Si los glifos mayas son en ella importantes, no es por el significado de cada uno (lo descifrable) sino por su sistema de construcción. Se extendían sobre una cuadrícula que podía seguirse en toda una variedad de direcciones. En el interior de cada uno de sus rectángulos, cada glifo en particular era un conglomerado de sus partes componentes (muy a la manera del ideograma chino): simples pictografías (una casa significaba "casa"; un buitre, "buitre"), signos fonéticos (cada uno en representación de una sola sílaba), logogramas (representaciones no figurativas de una palabra), y determinativos semánticos (para especificar algún sentido particular).

Para la mente occidental —si no para su usuario nativo— el glifo o el ideograma tienen una calidad concreta, un peso, que no se da en la escritura alfabética: la palabra es un objeto. Parece, además, que cada glifo, cada palabra (sobre todo para quienes no pueden "leerlos") tiene el mismo peso; que los glifos son iguales uno al otro y confieren a cada cosa del mundo una identidad en función de una

recíproca correspondencia. Charles Olson, en una carta
escrita desde Yucatán, dice:

sol
      luna
             venus
                    Otras constelaciones y el zodíaco
serpientes
           garrapatas
                  buitres
jaguar
        búho
            rana
plumas
         peyote
               nenúfar
sin hablar de
pez
          caracol
          tortuga
y, sobre todo
ojos humanos
             manos
                 miembros
    MÁS LA EXCESIVAMENTE
    CUIDADOSA OBSERVACIÓN
    DE TODOS LOS INTERVALOS
    DE LO MISMO...

Y los pesos de lo mismo, cada uno en relación el otro,
son exactos (y también plenos).

En otro contexto, al lamentar que los arqueólogos Morley y Thompson tuvieran de los mayas la imagen romántica de unos simples observadores del cielo, Olson hace una interesante observación: para el maya, el tiempo era "masa y peso" —en otras palabras, aun el propio tiempo era una entidad tan concreta y tangible como cualquier otra.

La extraordinaria erudición y el desciframiento parcial que se dieron a partir de Olson —quien escribió sobre el tema a principios de la década de los cincuenta— han probado que la complejidad de los glifos es todavía mayor. La mayóloga Linda Schele, por ejemplo, observa que la palabra "buitre" puede ser escrita lo mismo en forma pictográfica que en forma geométrica o en forma silábica. Un buitre pictográfico con una corona era una entre varias maneras de escribir la palabra *ahau*, que significaba "señor" y era al mismo tiempo el nombre de uno de los días del calendario maya. El buitre pictográfico podía representar específicamente al buitre de cabeza negra —llamado *tahol* (literalmente, "cabeza de caca"). De allí que los glifos relacionados con el buitre (ya fueran pictográficos o geométricos) se usaran así mismo para "decir" *ta* ("caca") o *ta* (preposición que significa "a, sobre o desde") En suma, había por lo tanto maneras casi infinitas de escribir cualquier palabra dada, y los escribas mayas eran apreciados por su capacidad de jugar equívocamente con las palabras y de acuñar nuevas variaciones, aunque adhiriéndose estrictamente a las reglas establecidas.

Esto significa no sólo que cada palabra era un objeto ensamblado, sino también que cada objeto se hallaba sometido a una perpetua metamorfosis, y que su sentido sólo resultaba comprensible en el momento en que era visto dentro de cierto contexto de objetos-glifos. Esa metamorfosis, en el contexto de las más amplias repeticiones del tiempo circular, sigue teniendo en México el carácter de una constante. En la poesía de los aztecas, el poeta se convierte en el propio poema, el cual se vuelve a su vez una planta que crece dentro del poema; la planta se convierte en las fibras del libro en que el poema está pintado; y las fibras del libro en la urdimbre del petate, símbolo de poder y autoridad mundanales. El "Himno entre ruinas" de Octavio Paz acaba con el famoso verso: "palabras que son flores que son frutos que son actos".

Nissen construye sus esculturas como glifos. Cubren su mesa de trabajo pequeños componentes modelados en cera: esferas chiquititas, cilindros, zig-zags, donas, cuadrados, cubos, rombos, triángulos, rodillos, formas en J, píldoras. En una entrevista, Nissen comentó: "Mi método se basa en el objeto encontrado. La diferencia está en que fabrico primero los objetos, luego los encuentro. Y por último los ensamblo". Ha observado en otra ocasión que también ve esos componentes como partes de un discurso —elementos dados susceptibles de casi una infinidad de combinaciones. Su "Cofre", una caja desbordante de morfemas, puede ser visto como el gran baúl de juguetes con los que el artista inventa sus juegos. La naturaleza de ese conjunto recuerda sobre todo al lenguaje tal como lo usan los niños, los poetas, los amantes del juego de palabras. El resultado —la escritura así obtenida— es una frase, una estancia: no sólo una "estrofa" sino también, literalmente, la "habitación" en que las palabras han sido acomodadas; el simple instante en que se produjo la relación entre ellas, congelado en bronce para siempre.

Nissen ha dedicado también mucho tiempo a la creación de códices, y lo ha hecho con gran originalidad. Se produjeron en México dos tipos de códices. Los mayas —de los que sólo sobreviven cuatro—, que consistían en general en un texto jeroglífico acompañado por ilustraciones. Y los mixtecas, posteriores, que son sin duda más notables: plegados en acordeón, presentaban en cada página imágenes complejas —no todas ellas pictográficas— que actuaban como guía mnemotécnica para la elite de sacerdotes entrenados en su "lectura", pero resultaban incomprensibles para el común de la gente. Constituyen un tipo de "texto" desconocido fuera del Nuevo Mundo, pero del que son ejemplos paralelos los diseños geométricos de los canastos amazónicos y los tejidos peruanos, que también podrían ser "leídos". Dennis Tetlock señala que la palabra maya usada para designar al códice era *ilbal*, que significa "instrumento para ver". El término se aplica hoy a los telescopios.

Nissen, con sus códices tradicionales plegados en acordeón, prolonga también los experimentos pictográficos de algunas telas de Klee, Tobey, Gottlieb y Torres García. En su *Códice Madero* inventa un ingenioso lenguaje que recuerda las piececitas irregulares de los rompecabezas de cartón, y en el que se combinan palitos de cerillo, colillas de cigarrillos, figuras humanas (¿acaso "dioses fumadores" mayas?), crucigramas, combinaciones de letras que parecen —pero no del todo— los caracteres dispersos de alguna palabra, como "glifo", y se transforman en un *boggie-woogie* de Mondrian. En su traducción de toda una imaginería tradicional, recuerda la más extrañas ilustraciones que se hayan producido en la historiografía mexicana: las incluidas en la historia antigua de México de Francisco Xavier Clavigero, publicada en 1780. El artista, en ese libro, más que representar la acostumbrada versión altamente estilizada de los originales mexicanas, simplemente "interpreta" los glifos y códices y vuelve a dibujarlos a la moda del día. Así, cuando piensa que ha visto en el original una mano que sostiene un pescado, dibuja pescado y mano al estilo de una litografía dieciochesca. Su elaboraciones resultan maravillosas: una figura que corre con cabeza de margarita, un hombre al que le brota un lirio de la nariz, una víbora coronada de flechas. El libro de Clavigero, cuyas intenciones eran científicas, se nos vuelve surrealista. Nissen, sin pretensiones de realismo histórico, crea al mismo tiempo una ciencia y una gramática.

En su *Códice Itzpapálotl*, Nissen (más complejo) se inspira en la diosa azteca Mariposa de Obsidiana y en el poema en prosa que escribió sobre el tema Octavio Paz. Presenta una serie de cuadrículas, de glifos inventados por él (algunos de cuyos componentes son pequeños objetos metálicos fácilmente reconocibles: llaves, llaves inglesas, tuercas y pernos, imanes en herradura, diapasones, resortes); circuitos eléctricos; *grafitti* (mosca; tinieblas; Ramón, Pepe, Berta...); mariposas; recortes de periódicos y mapas relacionados con el pueblecito de Papálotl, sitio del santuario de la diosa; artículos de enciclopedia sobre la diosa; números mayas; etcétera. Esos elementos, agrupados en diferentes secciones, representan según su autor un calendario, una taxonomía entomológica, una topografía, una estimación matemática (una contabilidad), augurios, y un inventario de los tributos recibidos por la diosa. El resultado es extraordinario: hermosas imágenes que no alcanzamos a comprender. Como sucede con los antiguos códices, para entender éste los iniciados (o el único iniciado: Nissen) deben recordarlo; los legos en la materia (el resto de nosotros) deben inventarle un sentido. El juego no tiene final.

III

Las esculturas de Nissen son altares, ídolos, ruinas, maquinas, naves, fuentes... y cada una, apenas reconocida, se convierte en otra.

Las dos formas básicas en las que Nissen encierra sus incontables variaciones son la pirámide truncada y el pilar. La pirámide truncada viene, por supuesto, de los mayas, y él juega como ellos con las armonías y contrastes de la simple base y todo lo que era colocado en el plano de su parte superior (altares, ídolos, columnas, frisos, falsas fachadas). Se ha observado a menudo que las pirámides mayas, más que obras arquitectónicas, son esculturas construidas a una escala monumental. Uno puede imaginarlas de sólo un pie de altura —la altura de muchas de las esculturas de Nissen—, así como puede imaginar que ciertas esculturas de Nissen podrían tener una altura de cientos de pies como las construcciones arquitectónicas. Más aún: las esbeltas pirámides de Tikal (por ejemplo), coronadas por altas crestas, remedan una cabeza maya con su frente achatada y su elaborado peinado. Del mismo modo, la pieza de Nissen titulada *Vaina*, una serie de vainas de chícharo apiladas sobre una base desnuda, es simultáneamente una versión fantástica de la pirámide maya, un altar en el que han sido colocadas las vainas, y el rostro desnudo y el jpeinado extravagante de una imaginaria Diosa de los Chícharos —una diosa de la fertilidad y de la cosecha cuya última encarnación podría haber sido Carmen Miranda.

La vegetación, los elementos en forma de plantas que brotan de tantas esculturas de Nissen —así como las paredes desmoronadas, los boquetes que revelan en su interior (como en las llamadas *x-ray paintings* de los aborígenes australianos) tumbas de imágenes—, no pueden menos de recordarnos el particular interés que han tenido siempre los ingleses por las ruinas. El más temprano ejemplo de esta obsesión es el poema anglosajón "The Ruin", una meditación sobre los despojos de la ciudad romana de Aquae Sulis (hoy Bath). Y esa obsesión llegó a su punto culminante con los románticos, después de traducida en 1795 la obra de Voney titulada *The Ruins, or a Meditation on the Cycles of Empires* —uno de los cuatro libros utilizados para educar al monstruo creado por Frankenstein, y que nos remite además directamente a un texto de Shelley, "Ozymandias", y a otro de Wordsworth, "Tintern Abbey". Cabe también recordar aquí al arquitecto Sir John Soane, contemporáneo de esos poetas, que entregó tres dibujos de su proyecto para el Banco de Inglaterra: en el primero, el edificio aparece flamante e intacto; en el segundo, se ve cubierto por la hiedra y sus piedras están curtidas por la intemperie; y en el tercero, representado como habría de ser mil años después, el banco es una ruina majestuosa.

Las ruinas eran para los románticos emblemas del carácter transitorio del poder, la permanencia de la naturaleza, la fuerza destructiva de la codicia y de la corrupción, la forma en que el caos del corazón se impone a la calma del intelecto. Esos significados alegóricos podrían ser atribuidos a las esculturas de Nissen, pero el caso es diferente. En primer lugar, su obra se inicia como una transformación de lo literalmente visto por él en México: edificios semiderruidos y agobiados por ramas y raíces. Lo que aquí cuenta no es la interpretación alegórica (es decir, literaria), sino la metamorfosis en sí: el templo que se transforma en planta que se transforma en bronce.

Los juegos con la piedra, el vegetal y el metal, llevan a la aparición de otra presencia entre estas esculturas: la de la máquina. Hay obras tituladas *Metrónomo, Hidrante*, y aun *Jacuzzi*. Algunas de estas piezas recuerdan simultáneamente las versiones más rigurosamente truncadas de las pirámides (como las plataformas levantadas en la Gran Plaza de Copán) y las máquinas de escribir, de idéntica forma, usadas en las oficinas en los años veinte.

Esto nos hace pensar en los debates sostenidos durante la Edad de la Máquina, en los años veinte y los treinta, entre los defensores de la máquina como el más cumplido ícono de esa nueva era —la de un arte progresista que celebrara el progreso humano— y aquellos que sostenían la perenne prioridad de lo orgánico (designado entonces como lo "biomórfico"). Hart Crane, llevando la discusión al campo de la literatura, intentó reconciliar ambas partes: "Porque la poesía, de no poder asimilar a la máquina tan natural y espontáneamente como lo ha hecho con los árboles, el ganado, los galeones, los castillos y todas las cosas humanas a ella asociadas en el pasado, ha fallado entonces en cumplir con su función contemporánea en toda su plenitud". Es interesante observar lo completa que llegó a ser esa aclimatación, cincuenta años más tarde, en obras como la de Nissen —no es ni siquiera cuestionable. Su *Máquina de escribir* está hecha de vegetación marina; de su *Helecho* brotan navajas para rasurarse; su *Zempoala* es una pirámide (en el sitio totonaca de ese nombre) excavada por Nissen y también una caja de herramientas;

su *Jacuzzi* está adornado con anillos que son los discos de goma usados para que cierren bien los grifos, que son los arcos que sobresalen en los muros de los juegos de pelota mayas, que son los salvavidas de un barco.

Las piezas verticales de Nissen son a su vez torres constructivistas, fuentes de hojas, chimeneas que germinan, pilares totémicos, un metrónomo que es un relicario, rascacielos imposibles. Algunas están hechas para que nos desplacemos a su alrededor; otras, a pesar de su (y nuestro) tamaño, para entrar en ellas. Otras más tienen una sola cara y deben ser vistas de frente —objetos para la invocación, cosas con las que hablar como habla la fe con los santos y las vírgenes de las catedrales.

Quien esté familiarizado con el arte mexicano percibirá sus numerosos ecos y ritmos en la escultura de Nissen: las columnas antropomórficas de Tula, el diseño romboidal del Cuadrángulo de las Monjas y el remate dentado del Palomar en Uxmal, la nariz ganchuda del dios de la lluvia Chac que sobresale de los templos de Chichen Itzá y de Kabáh. Tales elementos —como es el caso en la obra de los grandes muralistas mexicanos no intentan ser folklóricos ni encierran glorificaciones del pasado nacional. (Por supuesto, en Nissen, no vienen ni de su patria ni de su pasado). Tampoco intentan —como la imaginería africana y oceánica usada por los surrealistas— hacer las veces de íconos de otra realidad y transportarnos al mundo de los sueños o de lo arcaico. No son nunca literales.

Lo que Nissen fabrica son fetiches: objetos dotados de poder, objetos que nos miran mirarlos. El origen del poder de un fetiche está en lo que en sí acumula: tradicionalmente, cada adorador le añadía algo al hacerle alguna súplica, y su fuerza estaba en la suma de las historias individuales relacionadas con él. Aunque Nissen es el único "autor" de esas acumulaciones, las reproduce en cada obra. Trabajando con un vocabulario de signos elementales, superpone capas de la historia que se funden unas con otras y se enmarañan.

Sin ídolos cuyos atributos nadie recuerda del todo, maquetas de monumentos para una futura civilización, máquinas de oscuras funciones, altares para un santuario doméstico. Objetos con los que uno podría ser enterrado.

(Traducción de Ulalume González de León)

ENCUENTROS

UN DIÁLOGO ENTRE BRIAN NISSEN Y CLAUDIO ISAAC

MUSEO TAMAYO 2006

En realidad estamos ante cuatro exhibiciones distintas, cuatro colecciones escogidas entre la producción de los últimos quince años.

Chinampas es una serie realizada en cerámica: como paisajes a escala, o maquetas risueñas, caprichosas, que parten de la atracción del autor por esos vergeles flotantes de Xochimilco.

Sculptoria, en contraste, posee la presencia imponente del bronce. También los temas y las estructuras provocan otra reacción: son volcanes o templos arcaicos o pirámides truncas. Mucho de erupción, de flujo ígneo devastador, mucho destrozo. A pesar de la tendencia grácil que suele envolver la obra de Nissen, aquí encontramos cierto grado de rigidez, acaso la que le pertenece a lo ceremonial. "Estas obras", explica Brian, "presentan un frente específico para su lectura, la posición del espectador está un tanto predeterminada, como cuando se está ante una estela o un altar".

Límulus es una exhaustiva y misteriosa serie de bronces y *collages* que nacen de la fascinación por el cangrejo herradura, un fósil viviente que únicamente habita una limitada región de las costas asiáticas y una mínima franja del noreste norteamericano, visitada por Nissen tras mudarse a Nueva York. El caparazón de este crustáceo se ha mantenido sin cambio por cientos de miles de años. Y se presta a las asociaciones formales más diversas. Es decir, el animal no ha evolucionado desde la prehistoria, pero Nissen lo ha sometido a las metamorfosis más insospechadas, hechizado por lo que sugiere su estructura, su aspecto engañoso, pues pareciendo terrible es un bicho inofensivo.

Atlántida es la cuarta serie, que, a su vez, me parece, se divide en dos partes. Por un lado, la obra en relieve, ejecutada con materiales disímbolos y muy rica en texturas, de complejo equilibrio en una poco compleja composición, lo que enuncia reglas de una ardua armonía: son variaciones de lo que el mar arrastra a su paso o sepulta, vestigios heteróclitos, tesoros y detrito entretejidos. Y por otro lado, una obra propositiva y ligera, un conjunto de mapas trazados sobre papel manchado de tinta o acuarela poco densa, parodias de la cartografía clásica donde encontramos paraísos ocultos, utopías, lugares ficticios, entelequias de la geografía marítima; trazos de coordenadas que prometen mundos imposibles, puntos localizados con nombres absurdos, chuscos o poéticos, juegos de palabras de matiz joyceano, siempre reveladores y que nos inspiran el sueño de un reino mítico: de nuevo la leyenda.

Aunque se trata de producciones autónomas, las cuatro series, más allá de acusar una abrumadora voluntad creadora, nos acaban dando la pauta fiel de las constantes y preocupaciones estéticas, los verdaderos rasgos de la imaginación de Nissen.

* * *

CLAUDIO ISAAC: El título *Cuatro cuartetos* sugiere un vínculo con lo musical.

BRIAN NISSEN: Bueno, escogí este título porque la exposición está compuesta de cuatro temas distintos. Para evitar poner algo tan banal como "Cuatro por cuatro" o alguna cosa por el estilo, escogí este título de Eliot, que me gusta mucho. Respecto a la relación con elementos musicales, siempre hay paralelos muy íntimos, muy directos. Uno está tratando con ritmos, con silencios, con pausas, con agudos y bajos, tanto en el color como en la composición. Entonces el proceso es muy parecido. A mí me gusta empezar con la mente en blanco. Hago algo que es como una especie de *statement*, intento afirmar una postura, cualquiera, pongo dos puntos en la tela. De estos dos puntos empiezo a ver qué relación tienen entre ellos, y si pongo otro, cambian las relaciones y así uno empieza a jugar. Entonces, lo que me gusta mucho del quehacer, en el proceso de la obra, es emprender un camino que es muy juguetón, para mí el juego es fundamental en esto.

CI: Aunque pudiera parecer contradictorio respecto a la aspiración de lograr la espontaneidad, subyace, creo yo, un filo literario en tu trabajo; insisto en la intuición de que hay un modo literario de interpretar la realidad, de organizarla, por más que los valores plásticos estén patentes y dominen.

BN: De hecho, yo soy un gran aficionado a la lectura, la poesía, el ensayo, leo mucho ciencias naturales. Pienso que esto aparece en mi obra, no tanto en piezas individuales; se nota en el afán de tomar tal o cual tema y explorarlo. Me pongo a indagar su historia, lo que se ha escrito al respecto, y eso me provoca ideas plásticas.

Cuando escojo un tema, es como encontrar una veta, ojalá muy rica, y la voy explotando hasta que queda agotada. No me gusta la obra plástica literaria en sí, pero desde luego hay una literatura dentro de la pieza, que es cosa muy distinta.

CI: Me aclaraste que de Eliot sólo tomaste el título prestado para la ocasión. Pero aprovecho su mención para compararte con él en cierto proceder: la recuperación de un pasado mítico, de las fuentes de una cultura, algo así como una labor arqueológica e imaginativa a la vez, la técnica misma del collage, basarte en fragmentos que parecen resultantes de un diluvio o una debacle, pero que reunidos cobran una nueva vida propia.

BN: Es verdad que me encanta encontrar correspondencias entre lo arcaico, lo antiguo y lo moderno, y entablar este juego. Ver de repente una pieza prehispánica que parece una batería de coche. En eso se basa el humor, también: es la sorpresa, súbita, de ver dos cosas que crees que no tienen nada que ver y que de pronto sí. Hay muchas asociaciones, correspondencias que se entretejen, y cada una actúa en lo suyo.

CI: Tú has dicho que todos los grandes mitos son en realidad metáforas. Percibo que a ti te interesa la lectura abierta de esas metáforas, que sean plurivalentes.

BN: De hecho, yo creo que la función de la obra es ayudar a dar vuelo a la imaginación del espectador, absolutamente. Ahí está el diálogo con la obra. La obra no está dictando ciertas cosas, su tarea es prender los sentimientos y las ideas del espectador.

CI: Me da la impresión de que aun en tus representaciones derivadas de códices, de jeroglíficos o de estelas, que tienen algo de sagrado, se filtra tu vena lúdica, y así como has creado artefactos apócrifos se podría interpretar que le haces un guiño al público o creas falsas pistas para la lectura, o símbolos falsos que coexisten con el lado más grave o serio de la propuesta. ¿Qué tan cierto puede ser eso?

BN: Muy cierto. Todas las pistas son falsas. Es muy conocido el dicho de Picasso: "El arte es una mentira que dice una verdad". Y sí, muchas cosas coexisten. Por ejemplo, yo creo que el verdadero erotismo lleva mucho humor, porque hay complicidades, depende del elemento esencial del juego.

CI: De las primeras imágenes que recuerdo de lo producido por ti en los años sesenta, en trabajos jocosos y ligeros de técnica, había mujeres desnudas y lascivas casi siempre acompañadas de objetos cotidianos: una plancha, un cepillo, una secadora de pelo, pero estos objetos cobraban una dignidad especial y un carácter como intemporal al convertirse en algo parecido a instrumentos rituales. Le diste un lugar importante al ritual cotidiano moderno, pero tú me dices que esto tiene que ver con tu enfrentamiento reciente a la cultura mexicana precolombina.

BN: Sí, una de las cosas que más me dejó impresionado en el encuentro con el arte y los objetos rituales precolombinos iba en el sentido de que eran objetos que entraban en la vida cotidiana, convergían allí la agricultura, la cocina, la medicina. Toda la gente estaba afectada por ello, no era una cosa ya tan aislada como en nuestra era, en que se establece un gueto cultural, no todos tienen acceso a ello. A mí me fascinó esta idea de esos objetos que operaban en todos los aspectos de la vida de toda la gente, y, claro, considero que cuando yo vine a México estaba en auge la idea del *pop art* y hay una curiosa coincidencia con el manejo del objeto cotidiano, ¿no?

CI: Al repasar tu trayectoria, se me ocurrió que tu paso por la London School of Graphic Arts te agudiza el sentido del diseño y que esto dota a tu figuración de un toque muy moderno, pero que a su vez y a la larga tiene nexos con las estructuras y diseño tanto de las figuras como de los ornamentos, la vestimenta, los grafismos, los motivos secundarios de las piezas precolombinas; que hay una puerta que se abre hacia lo arcaico.

BN: Sí, hay un curioso cruce de caminos. Ahora bien, siempre he pensado que hay dos condiciones en la obra. Una es el objeto en sí, y la otra es el contexto en el que se presenta. Una cosa es lo que se representa, pero de igual importancia es el contexto en que está inscrito.

CI: Me remite al llamado "efecto Kulechov", del cine. En la época de Eisenstein, Lev Kulechov hizo varios experimentos. Uno de ellos consiste en montar la misma imagen de, por ejemplo, un bebé de expresión neutra y serena, yuxtapuesta con otras imágenes diferentes: la de una madre conmovida o la de un viejo malencarado. La mismísima imagen, sin alteración alguna, cobra sentido y fuerza distintos, según el contexto dramático en el que se le coloca.

BN: Por eso me interesa mucho experimentar a través de una misma imagen o un símbolo, experimentar en medios distintos, tamaños distintos, circunstancias distintas, contextos distintos. El mismo objeto o símbolo adquiere otra vida. Es un juego que me fascina.

CI: Hablando de cosas que te resultan placenteras, me parece detectar que la elaboración de tus textos explicativos o complementarios te proporciona mucho goce. Por más que son escritos modestos, que tienden a cumplir la función de la cédula museográfica, muestran un ángulo tuyo articulando las palabras y los conceptos teóricos, con destreza pero sobre todo con mucho deleite.

BN: No, pero yo no soy un teórico en absoluto.

CI: Pero sí te inscribirías en un fenómeno del artista moderno, que reflexiona respecto a su actividad creativa, como Stravinski, Rilke, Cézanne o Léger.

BN: El arte cambia por épocas y sociedades, pero la finalidad siempre es la misma. Lo que cambia es el lenguaje.

En efecto, ahora vivimos una época en la cual el tema del arte es su propia naturaleza. Investigar su propia naturaleza. El arte de hoy día habla sobre sí mismo, es su esencia. Esto da pie a mucha intelectualización y teoría. Pero no nos importa la motivación, sino lo que produce esa motivación, lo que queda plasmado.

CI: En el texto que te dedica Eliot Weinberger hay una cita de Brancusi donde habla de la escultura como actividad no propia para los demasiado jóvenes.

BN: Bueno, yo creo que a lo que se refiere realmente es a la experiencia previa que se necesita para hacer escultura, a la experiencia que requiere el propio medio. Es un poco como la cocina. No se puede empezar a cocinar de la nada, sino que la cocina es una acumulación de experiencias. A fuerza de cocinar puedes alcanzar una experiencia muy vasta. Y en la escultura es así: la piedra, la madera, la cerámica, el bronce, todos tienen su idioma y lo que se puede hacer en una materia no se puede hacer en otra.

CI: A propósito de eso, establecías hace rato una comparación entre la cerámica y el dibujo, el bronce y la pintura.

BN: Precisamente. Lo más divertido para mí es la cerámica, que es muy dúctil y muy inmediata, un medio muy juguetón. Como materia, trabajando cerámica me siento entre niño y panadero. Es una cosa muy elemental. En cambio, el trabajo en bronce es algo mucho más pensado. Me auxilio haciendo algunas piezas en cera, que es una materia muy noble y muy bonita. Pero siempre hay que tener en mente cómo se va a hacer la pieza. Se puede comparar la espontaneidad de la cerámica con la relativa sencillez que tiene el dibujo. Luego, la pintura es mucho más elaborada porque ya entran la cuestión del color, la composición, la textura. Pierdes, por un lado, algo de espontaneidad, tienes que recargarte más en la noción de estructura y echar mano de recursos formales. Cada medio tiene su *modus operandi*, sus reglas y exigencias que son un reto particular. Muchas veces, te condicionan ciertas circunstancias exteriores. Por ejemplo, cuando estaba ideando el mural *El Mar Rojo* en el Centro Maguen David, lo primero que hice fue basarme en la condición de la pared, una pared bañada en luz. Entonces pensé inmediatamente: debo hacer una obra que sea un juego de sombras, aprovechando eso. Luego entra, y determina mucho la obra, el material que vas a usar. Hay unos elementos ya dados, y entonces tienes que trabajar dentro de esto. Pero quisiera añadir que cada artista tiene sus propios métodos, cada uno es tan válido como otro, son realmente caminos hacia el mismo fin, son caminos distintos, digamos. Hay unos que tienen mérito propio, pero no es que uno sea mejor que otro, nada de eso.

CI: Dada la presencia en tu trabajo de una noción de la colectividad humana misma, de la civilización, me viene naturalmente preguntarte respecto al futuro que nos toca como raza.

BN: Pienso en lo que dijo Borges: "El amor es eterno, mientras dura". Pues así es en el arte. Hace más de un siglo, Oscar Wilde vaticinaba que el único arte que habría de perdurar en el futuro sería la poesía, por no ser comerciable, imposible verla como producto o inversión, como sucede con las demás artes en la actualidad. Respondiendo a tu pregunta, te diría: no se puede predecir nada. Pero yo creo que, a pesar de todo, la parte humana seguirá expresándose. Pensamos mucho en idiomas que nacen, florecen, sufren todo tipo de metamorfosis. Yo creo que hay que ver el destino del arte un poco en el mismo sentido. Me encanta el hecho de que existan muchos idiomas y cada uno con su riqueza. Sería muy triste terminar con un idioma único.

* * *

Tras quedar arrobado por la inventiva y el volumen de producción plástica de Brian Nissen, mi sensación final se concentra en la humildad de este hombre, que no parece estar consciente de su propio talento, tan sólo orgulloso de su capacidad de trabajo, contento con su capacidad de juego.

MIRAR Y VER

CONVERSACIÓN ENTRE
PETER BARTLETT Y BRIAN NISSEN
EN LA CIUDAD DE NUEVA YORK

PETER BARTLETT: Personalmente, siempre me ha parecido problemático hablar de arte, pues, ¿cómo se puede
verbalizar una experiencia visual?

BRIAN NISSEN: Eso es algo que yo procuro evitar. Verbalizar experiencias visuales puede resultar contraproducen-
te, en cuanto es una traducción y racionalización de algo
a menudo intraducible y en ocasiones incluso irracional.

PB: Aun así, no cabe duda de que el artista puede orientar-
nos acerca de lo que pretende hacer. Evidentemente, cada
artista tiene una manera de proceder, y sus palabras pueden contribuir a conocer mejor sus intenciones.

BN: Lo que cuenta no es la opinión del artista, sino la
obra; en ella hay que fijar la atención. Palabra y obra no
coinciden necesariamente. Y, naturalmente, la visión que un

artista tiene de su propia obra está teñida de subjetividad. Por todo ello, yo prefiero hablar de métodos de trabajo o de que inspira una obra, y cosas así.

PB: He observado que en su trabajo usted utiliza una extensa gama de materiales y formas. ¿Significa eso que los materiales le dictan diferentes métodos de trabajo?

BN: Cada material posee un lenguaje propio, y hay que tenerlo en cuenta. Así, por ejemplo, en escultura utilizo un método basado en el concepto del objeto encontrado. Aquí, la diferencia respecto de otros métodos radica en que yo hago primeramente los objetos, luego los descubro y, por último, los agrupo en una obra. A menudo tengo la impresión de estar realizando un trabajo parecido al de un arqueólogo. Es como si las obras estuvieran ya dentro de uno. Pero, antes que nada, hay que acertar a localizarlas y, después, recuperarlas y sacarlas a la luz.

PB: ¿Significa eso que el espectador está implicado en una experiencia similar a la del artista y que, en vez de limitarse a mirar la obra, debe penetrarla y verla?

BN: Exactamente. Mirar no es ver. En eso consistió la lección de Houdini: *desviar y engañar nuestras referencias.* Muchas veces, lo más obvio es justamente lo mas difícil de ver, pues acostumbramos a buscarlo donde no está, o no acertamos con la manera correcta. Recuerdo que, hace ya algunos años, en una tienda de objetos de magia situada en la calle Princesa, de Barcelona, mientras yo me dedicaba a curiosear, el propietario estaba mostrando a un cliente una bonita caja con un rompecabezas dentro. Cuando el cliente se fue, pregunté al tendero cuánto costaba la cajita, que me tenía intrigado. "Cien pesetas", me contestó. Decidí comprarla. Me la envolvió, pero, así me disponía a salir, caí en la cuenta de que no le había preguntado cuál era el truco. "¡Ah, sí! Pero el secreto le costará doscientas pesetas". Apenas me había recuperado de la sorpresa y dado mi conformidad, cuando el hombre añadió: "Pero se molestará si le digo cómo es". Me eché a reír. "¿Por qué habría de molestarme?" "Porque la solución es tan obvia que a veces la gente se enfada".

PB: ¿Cree usted que las obras de arte, como los rompecabezas, requieren una explicación? ¿Es que acaso poseen secretos que tenemos que desvelar si queremos comprenderlos?

BN: Considero que la obra de arte no es necesariamente enigmática. Yo diría que el arte es un lenguaje; un lenguaje que, en parte, se puede asimilar por vía intuitiva, pero que, además, hay que estudiar y aprender como cualquier otro si se quiere llegar a dominarlo *plenamente*. Pero, al mismo tiempo, el arte contiene componentes ambiguos e irracionales, y de hecho éstos revisten a veces gran importancia en el contexto de la obra del artista.

PB: ¿Quiere decir con ello que el espectador, al igual que el artista, debe resignarse y aceptar tranquilamente la ambigüedad?

BN: La ambigüedad es una parte esencial de la percepción, aunque, a decir verdad, lo que resulta ambiguo en una situación no tiene por qué serlo en otra. Es como cuando entramos en una escalera mecánica que está parada. Aunque nos consta que no se mueve, perdemos el equilibrio, pues, acostumbrados como estamos a su movimiento, no conseguimos superar esa sensación. De ahí nuestra incapacidad de subirla como una escalera normal, sin tambalearnos.

PB: El encanto de juegos y rompecabezas se debe, en parte, al factor sorpresa. En un momento dado, elementos sueltos y dispares se integran en un conjunto coherente y armónico, y nos regocijamos de haber dado con el truco.

BN: Ahí también aparece el juego de la percepción. Recuerdo que una vez, en México, un amigo mío encargó una mesa a un artesano. Para facilitarle el trabajo, le entregó un dibujo realizado en perspectiva. Y, cuando fue a recoger la mesa, se encontró con que el carpintero también la había construido "en perspectiva", como aparecía en el dibujo. Dos patas eran más cortas que las otras, y el tablero era más ancho delante que detrás. El artesano pensó que su cliente debía de estar un poco mal de la cabeza por encargarle una mesa de la que todo caería, pero, ¿quién era él para contradecirle? Al fin y al cabo, era su dinero... Mi amigo, por su parte, no pudo hacer otra cosa que despotricar contra el artesano. Había cometido el error de dar por sentado que todo el mundo es capaz de interpretar correctamente un dibujo realizado en perspectiva, cuando la verdad es que "leer en perspectiva" es algo que se aprende.

PB: Uno de los aspectos liberadores del arte moderno consistió en enseñarnos que hay muchas maneras distintas de ver las cosas. También nos enseñó a ver el pasado de otro modo y nos concedió plena libertad para evocar culturas y periodos, tanto actuales como pasados. ¿Como ha influido en su percepción esa "acción del pasado"?

BN: El problema –usted lo ha observado– radica esencialmente en cómo se nos ha enseñado a ver el pasado. Cuando yo era joven se nos enseñaba a venerar el arte del Renacimiento, y la verdad es que en él había muchas cosas que a mí, personalmente, me aburría sobremanera. No me ocurrió lo mismo con el arte de la Edad Media, los primitivos italianos y el llamado "arte primitivo", manifestaciones que dejaron en mí una huella mucho más profunda.

PB: Usted creció en Inglaterra, fue educado de acuerdo con su tradición cultural y ahora reside en Nueva York, pero también ha vivido muchos años en México. ¿Hasta qué punto ha influido en su obra la rica cultura de este país?

BN: Concretamente, el arte precolombino ejerció una influencia decisiva en mi obra. Su conocimiento me llevó a revisar mi manera de pensar, hasta tal punto que hoy me considero un híbrido cultural.

PB: O sea, un artista-abeja. ¡Polinización cruzada, apicultura y horticultura culturales! En cierto modo, hoy estamos asistiendo a un renacimiento del ideal cosmopolita del siglo XVIII, por más que ahora ser ciudadano del mundo no es ser ciudadano de Europa, sino bastante más. ¿Le costó asimilar tradiciones culturales tan dispares?

BN: No mucho. Considero que esa asimilación es más que nada cuestión de temperamento. Se da o no se da una sensibilidad que encuentra un eco natural. Se trata de una comprensión intuitiva. Por ejemplo ligué inmediatamente con el humor mexicano que, siendo muy especial, se parece en algo al humor inglés por su afición al juego de palabras y a los albures.

PB: ¿Percibe usted ese eco en su obra?

BN: Por supuesto. El arte precolombino ha ejercido una poderosa influencia en mi obra, y no sólo en sus aspectos formales sino en un plano más general. En las sociedades precolombinas, el arte era un elemento esencial de casi todas las manifestaciones de la vida diaria. Estaba presente en la medicina, la astronomía, la agricultura, la religión, las labores hogareñas, etcétera. En aquellas sociedades, el arte, lejos de cumplir una función limitada y estrecha constituía la expresión pública y ritualizada de un sentido mítico del asombro y el deseo. Entre nosotros, el arte es, por el contrario, terreno exclusivo de gentes dotadas de cierta sensibilidad. Nos llega filtrado por museos y galerías, y no afecta a toda la sociedad. Ahora, el hombre del siglo XX lamenta la sobrespecialización de prácticamente todos los aspectos de su vida, azote del que el arte tampoco ha conseguido escapar. Con ello no quiero decir que abogue por un utópico retorno al pasado, pero sí creo que en ese ejemplo se esconde una importante lección que deberíamos aprender.

PB: Uno de nuestros problemas consiste en que la ciencia y la tecnología han coartado nuestra capacidad de reestructurar la sociedad con más imaginación. El arte, que podría contribuir a esta tarea, parece condenado a ser, para esa sociedad, un simple pasatiempo o un objeto en el que merece la pena invertir.

BN: Cada sociedad tiene el arte que se merece, y es muy difícil sustraerse a este hecho. Pero eso no es asunto del arte. El artista, como cualquier otra persona, es producto y parte integrante de la sociedad. No obstante, su misión específica consiste en actuar a modo de caja de resonancia de las ideas, los sentimientos y las vivencias que se producen en su entorno, para luego darles forma. A pesar de todas las presiones, seguirá habiendo artistas con pasión creadora. Y, una vez más, el artista sobrevivirá a los caprichos del mundo del arte.

¡FUERA ROPA!

BASADO EN UNA ENTREVISTA
CON RAQUEL PEGUERO

Sentencia Brian Nissen que hay algo que no se debe hacer con el erotismo: "hablar en serio de él". De ahí que
prefiera practicarlo en vez de hablar de ello: "no es una
cuestión fácil de articular, por eso... lo dibujo", asegura
con esa risa franca que persigue sus palabras.

Perteneciente a "la nación de artistas", Nissen (Gran
Bretaña, 1939) llegó muy joven a México, donde comenzó
su formación artística. Viajero incansable, también vivió
en España. "Además tengo ligas con Cataluña, por eso soy
como un ensalada cultural", dice, de la que conserva el
humor británico, "que es muy especial", y que salta en toda su obra, y más en *Voluptuario*, donde los cuerpos sólo
conocen los latidos de su tinta.

Amante de los códices –ha hecho varios– Brian Nissen
concibió su *Voluptuario* en forma de libro: "No fue una colección de dibujos que tenía y junté. Me gusta mucho
porque es una narrativa, hay un juego de página a página,
que está pasando de una imagen a otra y se relaciona con

otras que están detrás". Su concepto es cinematográfico: "Carlos Fuentes y yo queremos hacer una película también, pero no sabemos cómo; será animada sin duda"; juega y explica que no tiene idea de cómo nacen esas formas cachondas en sus trazos: "empiezan de manera abstracta, comienzo con las líneas, se pasean y se divierten y de ahí a ver qué sale".

* * *

¿Piensa que el erotismo es una expresión transcultural?

El erotismo es la sexualidad decantada por la imaginación, y las cosas que provocan el deseo varían mucho, no sólo de cultura a cultura, de país a país, sino también de hombre a mujer. Es muy difícil precisarlo, porque las cosas que excitan a uno en lo personal no necesariamente excitan a otros. Puede que la vista de su bandera nacional o escuchar una ópera apocalíptica provoque en algunos una carga libidinosa, mientras a otros sólo suscite un gran bostezo. ¡Qué sé yo! [se ríe]. A veces las cosas más comunes ocasionan pensamientos eróticos. Las travesuras de la imaginación son muy personales y lo prodigioso del arte es cómo puede generar esa pasión y esa exaltación. El artista trata de comunicar esas sensaciones. Es una seducción.

¿Seducción con pasta de dientes? ¿Hasta una plancha? ¿Cómo hace que esas cosas cotidianas se vuelvan tan sensuales?

Es un tema muy largo. Tenemos una relación íntima y enigmática con los objetos comunes que nos rodean, y sin duda hay algo de fetichismo vinculado a las cosas que usamos y tocamos todos los días. Además, habrá que tomar en cuenta el juego de contextos, dado que nuestra percepción de tal o cual objeto varía según el contexto en que se encuentre. En el arte contemporáneo es una práctica común yuxtaponer objetos en situaciones desconcertantes o extrañas, lo cual surgió con el surrealismo y ha llegado a ser una práctica habitual. Así que con estos dibujos juego con aspectos rituales de objetos cotidianos, como tubos de pasta de dientes, tenedores, lápices, pinzas, botellas o curitas tratándolos como fetiches. Hay quienes lo ven como algo perverso, pero yo lo encuentro muy divertido.

¿Existe un erotismo sin humor?

En efecto, y estoy consciente de que hay un erotismo morboso, una salacidad que va más allá del sexo y celebra el mundo de la violencia y crueldad. Una pornografía que no tiene que ver con el verdadero erotismo. Es en el goce de la violencia donde se encuentra lo verdadero obsceno, un valor sujeto al contexto social y moral de cada sociedad. Pero hay un calificativo común en toda persona: el amor, la pasión, la sexualidad, el idioma del tacto y todo eso. El humor y el lenguaje erótico son valores universales. Tiene que ser, si no, no estaríamos aquí.

¿El humor lo salva de la pornografía?

Lo salva por ser juguetona, pero también el deleite en el sensualidad y en el placer. Eso es mi visión del erotismo. Hay quien piensa que mi *Voluptuario* es un libro pornográfico –algo que no me cabe en la cabeza–, pero según yo, su pensamiento es el vicioso, así que dando y dando. Todo erotismo es siempre un juego.

¿Usted fantasea mucho?

Mmm, buena pregunta. Es difícil precisar, porque el

otro lado de su pregunta es ¿qué tanto hay de realidad en cada uno? Seguramente tengo muchas fantasías que veo como realidad y otro lo ve como fantasía. Todo artista tiene mucha fantasía en su cabeza y ve el mundo no como es, sino como quiere que sea. Definir la fantasía de uno implica, en parte, definir lo que entiende como realidad.

¿Prefiere la fantasía o la realidad?

Depende. Muchas veces es difícil diferenciarlo; saber dónde empieza la fantasía y dónde termina. Lo cierto es que su poder se siente y a menudo es justamente lo que motiva el artista y su obra. La fantasía es lo imaginario. Hay realidades maravillosas como es el amor, una potentísima realidad que muchas veces se sostiene por una fantasía [se ríe].

¿Es un adicto del amor?

¡Claro que sí! No hubiera podido hacer este libro sin ello: es un homenaje al amor.

¿Es una de sus obsesiones?

¡Naturalmente! Tengo muchas obsesiones. Curiosamente, una de las cosas que ensalza lo erótico es el sentido del pecado, como la sazón o la guinda que corona la tarta. Pero la idea puritana que el placer es pecado, eso sí es atroz.

¿De todos los pecados capitales, prefiere la lujuria?

¡Capital como maravilloso! No gozar el sexo es un pecado... capital, eso sí.

¿Experimentó con su cuerpo lo que dibujó en su Voluptuario?

¡Ah!... Eso... Bueno, a veces me dicen: "qué imaginación

tiene usted", y digo: "puede ser, pero no debería estar tan seguro". Quién sabe si lo que he experimentado es fantasía o realidad. ¿Puede uno estar seguro, al recordar una experiencia, de qué tanto es realidad y qué tanto es un truco de la memoria?

Es asombroso cómo el cuerpo es capaz de hacer circo para conseguir placer.

Hay una edad en la que se puede hacer cantidad de maniobras y posturas sensuales; luego puede ser más difícil. Pero todo depende de la imaginación, y creo más en la imaginación que en la gimnasia.

En el dibujo puede hacer cualquier cosa.

Eso es lo bonito del dibujo: crear un circo de la imaginación. Es divertido ver cómo reacciona la gente de un país a otro con el libro. En México son más abiertos y se divierten con él, lo ven más natural que en Estados Unidos, donde siempre hay una especie de puritanismo que choca con esto. También han presentado el *Voluptuario* en España, y como sucedió en México, lo han disfrutado plenamente: son grandes aficionados del amor.

¿Es un hombre perverso?

Según quién [se ríe]. No sé cómo definir eso. En primer lugar, el erotismo está repleto de coqueteos y humor, y hay quienes pueden ver eso en mi obra; no sé, pero ¡qué bien! Hay una ironía en que otros puedan pensar que es algo perverso. Me gusta compenetrar lo sensual, la parte lírica y bella de la sexualidad. Nunca me ha gustado el morbo, una expresión oscura y lóbrega. El erotismo me encanta y está en toda mi obra –no crea que se queda sólo en estos dibujos porque son figurativos. También se encuentra en obras más abstractas, sobre todo en la escultura y en la manera en que juegan y riman sus formas. Un cachondeo con contornos y espacios.

En el arte usted es un gran experimentador...

Sí; quiero estar siempre en búsqueda. Es lo que me motiva: ir por distintos caminos. Por eso trabajo en muchos medios y con materiales distintos: hago escultura en bronce, en cerámica, en madera; trabajo el dibujo, la pintura, relieves, y realmente la razón de esto es que constato que cada medio tiene sus propias posibilidades, expresión e idioma. Todos se enriquecen mutuamente. Cuando hago escultura encuentro que aviva el dibujo y viceversa. Por eso siempre estoy cambiando de uno a otro.

Supongo que la escultura es bastante tardada. ¿Eso lo hace muy diferente?

A diferencia del dibujo, en la escultura uno está guiado no sólo por el ojo sino también por las puntas de los dedos. El dibujo es más etéreo, no tan palpable como la escultura. Hacer escultura es un cachondeo por la sensación del tacto, porque uno va pensando a través del toque. Alguien dijo, hablando de la reencarnación, que si alguna vez volviera a nacer quisiera aparecer como las puntas de los dedos de Casanova.

¿A usted le gustaría eso, o reencarnar en la punta de los dedos de quién?

Me gustaría reencarnarme en lo mismo. No tengo tanta imaginación.

Dicen que es más fácil sentir el deseo que hablar de él...

El deseo, como el arte, es muy difícil de analizar. Es más fácil hablar de cine o novelas, donde hay una historia o una anécdota, que hablar del arte. Sobre todo cuando se propone hablar del color es problemático, muy difícil de articular. El deseo también es complicado de sintetizar, pero cuando nos toca sabemos perfectamente de qué se trata.

Lo qué quería a preguntarle es si el deseo es más sencillo dibujarlo, o queda todo en el pensamiento.

El deseo es cosa de la mente pero también carnal. Pienso que el dibujo es el medio por excelencia para plasmar una expresión erótica. Se presta más que la pintura, que consta de elementos como el color, textura y composición, entre otros. El dibujo es un poco como si fuera un trío, un cuarteto; la pintura es más compleja, como una sinfonía.

Los cuerpos de sus dibujos están tratados con mucho amor, son incluso muy similares los hombres y las mujeres.

Tiene que ver con la unión del hombre y la mujer en una situación erótica. Hay un momento que se da una fusión, de síntesis. De eso se trata, que los cuerpos se pierdan uno en el otro.

No parece tener gran interés en la ropa. ¿Por eso los cuerpos siempre están desnudos?

Así es: ¡fuera ropa!

NOTAS SOBRE LOS AUTORES

BRIAN NISSEN (Londres, 1939) comenzó a pintar y a dibujar desde muy temprana edad. Estudió en la Escuela de Artes Gráficas de Londres y en la Escuela de Bellas Artes de París. En 1963 viajó a México, donde vivió y trabajó durante los siguiente diecisiete años.

En México continuó dibujando y pintando bajo una fuerte influencia de las culturas prehispánicas, que tuvieron un gran impacto en sus conceptos acerca del arte. A principio de los años setenta realizó varias exposiciones en México y Sudamérica, y por ese entonces las formas tridimensionales que aparecían en la superficie de sus pinturas cobraron autonomía. Estas obras lo condujeron a la escultura, a medida que se hicieron más abstractas y se acercaron a formas arquitectónicas y orgánicas. Hacia finales de los años setenta expuso en el Museo de Arte Moderno de México, el Museo de Arte Moderno de Buenos Aires y la Galería Whitechapel de Londres. En 1979 se mudó a Nueva York, donde montó su estudio.

En el Museo Tamayo, en 1983, realizó una exposición en torno a un poema en prosa de Octavio Paz, "Mariposa de obsidiana", un lamento de una diosa azteca derrotada por la llegada del cristianismo. La muestra incluía pinturas en relieve, escultura, gráfica, y una danza/*performance* que Nissen coreografió como parte integral de la exposición, además de un códice imaginario *Itzpapalótl*, basado en el poema. La primera observación de Octavio Paz al visitar la muestra fue: "Más que una exposición de obras de arte, la muestra misma es la obra de arte". Esta exhibición constituyó el primer gran paso en el desarrollo de un tema a través de diferentes medios y materiales, que después tuvo continuación en las series *Atlantis*, *Cacaxtla*, *Chinampas* y *Límulus*.

En 1980 le fue concedida la beca Guggenheim. Hacia mediados los años ochenta estaba ya muy dedicado a la escultura en bronce, al mismo tiempo que trabajaba pintura en relieve y el *collage*. Dio una serie de conferencias sobre el arte prehispánico en el Cooper Union de Nueva York, y en 1987 fue invitado exponer en el Capenter Center del Universidad de Harvard. En 1992 lo convocaron a participar en la celebración de los quinientos años del encuentro con América por la Generalitat de Cataluña con una exposición. Escogió el tema de la Atlántida con la idea de hacer obras que recordaban los eslabones entre Europa y América. En los dos primeros cuartos de la exposición había una serie de grandes mapas marinos y un poema/atlas hecho a partir de un *collage* de mapas reales, con textos inventados, apuntes y citas. A esto lo acompañaba un tenue canto de ballenas que podía escucharse a través de toda la exposición, que también incluía una serie de pinturas en relieve, trabajos realizados en técnicas mixtas, corteza de madera, resina, yeso, epoxy y acrílicos, evocando ruinas flotantes, lechos de mar y restos a la deriva. Las esculturas se hicieron en forma de volcanes, pirámides en erupción y piezas rituales que parecían haber sido extraídas del fondo marino.

Hacia 1993 trabajó *collages* de papel recortado, como dibujado con tijeras, e hizo la serie *Cacaxtla,* que fue exhibida en el Cooper Union de Nueva York. De 1993 a 1996 trabajó sobre esculturas de cerámica en México como una variante a sus trabajos en bronce. La espontaneidad e inmediatez inherente al material le abrieron nuevos caminos y posibilidades, derivando así en las primeras *Chinampas*. Estas piezas se inspiraron en la idea de los jardines flotantes en el lago de

Xochimilco. En 1998 expuso las *Chinampas* en el Museo del Barrio en Nueva York. Las esculturas en bronce, cerámica y madera fueron colocadas sobre cuatro hojas de acrílico transparente con un espejo oscuro debajo, produciendo reflejos difusos, dándoles el efecto de que flotaban sobre agua. Les acompañaban los *Chinamitl* colgados en la pared, construcciones de madera, corteza de árbol y otros materiales que evocaban una vista aérea de los islotes labrados.

En 1996 su libro de dibujos *Voluptuario* fue publicado en Nueva York, con un ensayo introductorio de Carlos Fuentes.

Entre sus trabajos más recientes se encuentra la serie *Límulus* de bronces y *collages* basados en formas del cangrejo herradura. En 2001 las obras fueron expuestas en el City University de Nueva York. Para celebrar la muestra se inauguró un simposio sobre el tema con biólogos, científicos y historiadores de arte. En 2004 su libro *Límulus* fue publicado por la editorial Artes de México.

Entre 2004 y 2005 realizó un mural escultórico de 45 x 5.5 metros titulado *El Mar Rojo* en el Centro Maguen David, edificio religioso y comunitario judío de la ciudad de México. En 2006 se inauguró en el Museo Tamayo de la ciudad de México *Cuatro cuartetos*, una muestra de sus obras en los últimos años. A la vez completó una escultura/fuente monumental, *Manatial*, situada en el Paseo de la Reforma.

***

DORE ASHTON es una de las críticas e historiadoras de arte más relevantes de nuestro tiempo. Es profesora de historia del arte en el Cooper Union en la ciudad de Nueva York, y ha sido comisaria de numerosas exposiciones internacionales. Entre sus más de treinta libros, destacan *A Reading of Modern*

Art (1970), *The New York School: A Cultural Reckoning* (1973), *A Fable of Modern Art* (1980), *Noguchi East and West* (1992) y *About Rothko* (1996).

ARTHUR C. DANTO, profesor emérito de filosofía en la Universidad de Columbia, en Nueva York, es crítico de arte de la revista *The Nation*. Entre sus libros destacan *The Transfiguration of the Commonplace, Embodied Meanings, Beyond the Brillo Box* y *Encounters and Reflections*, ganador del Nacional Book Critics Circle Prize.

LAURA ESQUIVEL es escritora mexicana. Autora de uno de los libros en español más vendidos de los noventa, *Como agua para chocolate*, llevado al cine en 1992 por Alfonso Arau, publicó en 2006 su última novela, *Malinche*.

CARLOS FUENTES es uno de los escritores mexicanos más celebrados de la segunda mitad del siglo XX y principios del XXI. Entre sus múltiples novelas, destacan *La región más transparente* (1958), *Aura* (1962) y *La muerte de Artemio Cruz* (1962). Fue Premio Cervantes en 1987. En 2008 el gobierno de México organizó numerosos homenajes con motivo de su octagésimo aniversario.

RUBÉN GALLO es escritor y académico. Es autor de *Mexican Modernity: the Avant-Garde and the Technological Revolution* (2005), un ensayo sobre las máquinas y la cultura moderna en los primeros años del siglo xx en México. Ha publicado también dos libros sobre la cultura visual y urbana de la ciudad de México: *New Tendencies in Mexican Art* (2004) y *The Mexico City Reader* (2004), y la antología *México, D.F.: lecturas para paseantes* (2005). Enseña en la Universidad de Princeton.

ALBERTO RUY SÁNCHEZ es narrador, poeta y ensayista mexicano. Dirige desde 1988 la revista *Artes de México*, condecorada con numerosos premios nacionales e internacionales. Su primera novela, *Los hijos del aire*, ganó el premio Xavier Villaurrutia en 1987. Su último libro es *La mano del fuego* (2007).

GUILLERMO SHERIDAN es autor de varios libros sobre la historia de la poesía moderna mexicana, entre ellos el celebrado *Poeta con paisaje* (2004), sobre Octavio Paz. Colaborador de la revista *Letras Libres*, es investigador titular en el Instituto de Investigaciones Filológicas y profesor en la Facultad de Filosofía y Letras de la UNAM.

ELIOT WEINBERGER, ensayista de cultura y política, también es un reconocido traductor de escritores latinoamericanos como Octavio Paz, Jorge Luis Borges y Vicente Huidobro. También ha traducido al poeta chino Bei Do. Sus ensayos, entre los que se encuentran *Karmic Traces* y *Outside Stories*, tratan temas diversos, desde la MTV hasta las sagas islándicas, pasando por santos, poetas, la India precolonial o la guerra civil de Ruanda.

CODA(ZO)

Varios de los textos aquí reunidos han sido publicados en otros libros. Pensé que ameritaban ser editados de nuevo para que no se perdieran, pues ése suele ser el destino de los ensayos incluidos en catálogos de exposiciones, donde las imágenes tienden a captar mas atención. Así pues, quería que éste fuera un libo de arte para leer más que para ver. Antes que nada, quiero agradecer a los autores que han tan generosamente contribuido en estas páginas. A Rubén Gallo por su astuta presentación, y a Carlos Fuentes, Laura Esquivel, Arthur Danto, Dore Ashton, Guillermo Sheridan, Alberto Ruy Sánchez y Eliot Weinberger, por sus espléndidos textos.

Este libro es un cocido de ideas y opiniones acerca del arte visto desde muchos ángulos, míos y de otros. Escribo mis ensayos en inglés y luego los traduzco al español. Me gusta, pues al hacerlo, me doy cuenta de que la versión en español retroalimenta el texto original. Aunque domino bien el español, ciertas "anomalías" del idioma se me escapan. Sigo perplejo ante rarezas en el uso de los de los artículos masculinos y femeninos, en lo ilógico de *el* coño y *la* verga. Pero bueno. Mis textos en español han pasado por las manos de un excelente corrector de estilo, el autor Mauricio Montiel Figueiras, y agradezco la valiosa aportación de Yaiza Santos, Juan Carlos Burgoa y el resto del equipo de la editorial DGE|Equilibrista encabezado por Diego García Elío; a Sealtiel Alatriste, Álvaro Uribe, Rosa Beltrán y el grupo editorial de la UNAM por su gran apoyo, y a Fernando Fernández, director de Publicaciones de Conaculta. No puedo dejar de agradecer el aporte y entusiasmo de todos los queridos amigos y amigas que han dado consejos, intercambiado ideas y corregido mis abruptas pifias en los escritos.

Brian Nissen

EXPUESTO

VIGÉSIMO SEGUNDO VOLUMEN DE LA COLECCIÓN
PÉRTIGA, EDITADO POR DGE EQUILIBRISTA S.A.
DE C.V., SE TERMINÓ DE IMPRIMIR EN DICIEMBRE
DE 2008 EN LOS TALLERES DE FORMACIÓN GRÁFICA,
S.A. DE C.V., CON DOMICILIO EN CALLE MATA-
MOROS 112, COLONIA RAÚL ROMERO, CIUDAD
NEZAHUALCÓYOTL, C.P. 57630, ESTADO DE
MÉXICO. SE TIRARON 3,000 EJEMPLARES, EN
PAPEL BOND AHUESADO DE 90 GRAMOS Y SE
UTILIZARON EN LA COMPOSICIÓN LOS TIPOS DE
LAS FAMILIAS, DIDOT, SERIA SANS Y VENDETTA
DE 8, 9, 9.5, 10.5 11, 12, 13, 14, 18, 30 Y 40
PUNTOS. EL CUIDADO DE LA EDICIÓN ESTUVO
A CARGO DE YAIZA SANTOS DOMÍNGUEZ.

COLECCION **PERTIGA**
DGE | EQUILIBRISTA-UNAM-CONACULTA

Jesús Silva-Herzog Márquez
Andar y Ver

Gabriel Figueroa
Memorias

Marius de Zayas
Cómo, cuándo y por qué el
arte moderno llegó a Nueva York
Traducción y prólogo: Antonio Saborit

Anywhere in the South
Cartas de una joven texana a Julio Torri
Compilación y nota preliminar: Serge I. Zaïtzeff

Jorge F. Hernández
Signos de admiración

Jomí García Ascot
Con la música por dentro
Prólogo: José de la Colina

Luis Ignacio Helguera
Peón aislado. Ensayos sobre ajedrez
Prólogo: Eliseo Alberto

Luigi Amara
Sombras sueltas

Álvaro Uribe
La parte ideal

Juan García Ponce
Nueve pintores mexicanos

Juan O'Gorman
Autobiografía
Prólogo: Víctor Jiménez

Eliseo Diego
La insondable sencillez. Ensayos
Prólogo: Enrique Saínz

Guillermo Sheridan
Paralelos y meridianos

Vivian Abenshushan
Una habitación desordenada

Antonio Muñoz Molina
Travesías
Prólogo y selección: Jorge F. Hernández

Fernando Leal Audirac
La monumentalidad de lo íntimo
Prólogo: Gabriel Bernal Granados

Fina García Marruz
Como el que dice siempre
Prólogo y selección: Adolfo Castañón

Rob Riemen
Nobleza de espíritu. Una idea olvidada
Prólogo: George Steiner
Traducción: Goedele de Sterck

Marius de Zayas
Crónicas y ensayos
Estudio introductorio: Antonio Saborit

Hernán Bravo Varela
Los orillados

Fabienne Bradu
La voz del espejo